海上絲綢之路基本文獻叢書

諸蕃志校注

馮承鈞 撰

文物出版社

圖書在版編目（CIP）數據

諸蕃志校注 / 馮承鈞撰． -- 北京 ： 文物出版社，2022.7
（海上絲綢之路基本文獻叢書）
ISBN 978-7-5010-7671-0

Ⅰ．①諸… Ⅱ．①馮… Ⅲ．①歷史地理－世界 Ⅳ．①K916

中國版本圖書館 CIP 數據核字 (2022) 第 097848 號

海上絲綢之路基本文獻叢書

諸蕃志校注

撰　　者：馮承鈞
策　　劃：盛世博閱（北京）文化有限責任公司

封面設計：鞏榮彪
責任編輯：劉永海
責任印製：張道奇

出版發行：文物出版社
社　　址：北京市東城區東直門内北小街 2 號樓
郵　　編：100007
網　　址：http://www.wenwu.com
經　　銷：新華書店
印　　刷：北京旺都印務有限公司
開　　本：787mm×1092mm　1/16
印　　張：11.875
版　　次：2022 年 7 月第 1 版
印　　次：2022 年 7 月第 1 次印刷
書　　號：ISBN 978-7-5010-7671-0
定　　價：90.00 圓

總緒

海上絲綢之路，一般意義上是指從秦漢至鴉片戰争前中國與世界進行政治、經濟、文化交流的海上通道，主要分爲經由黄海、東海的海路最終抵達日本列島及朝鮮半島的東海航綫和以徐聞、合浦、廣州、泉州爲起點通往東南亞及印度洋地區的南海航綫。

在中國古代文獻中，最早、最詳細記載『海上絲綢之路』航綫的是東漢班固的《漢書·地理志》，詳細記載了西漢黄門譯長率領應募者入海『齎黄金雜繒而往』之事，書中所出現的地理記載與東南亞地區相關，并與實際的地理狀况基本相符。

東漢後，中國進入魏晋南北朝長達三百多年的分裂割據時期，絲路上的交往也走向低谷。這一時期的絲路交往，以法顯的西行最爲著名。法顯作爲從陸路西行到印度，再由海路回國的第一人，根據親身經歷所寫的《佛國記》（又稱《法顯傳》）一書，詳細介紹了古代中亞和印度、巴基斯坦、斯里蘭卡等地的歷史及風土人情，是瞭解和研究海陸絲綢之路的珍貴歷史資料。

隨着隋唐的統一，中國經濟重心的南移，中國與西方交通以海路爲主，海上絲綢之路進入大發展時期。廣州成爲唐朝最大的海外貿易中心，朝廷設立市舶司，專門管理海外貿易。唐代著名的地理學家賈耽（七三〇～八〇五年）的《皇華四達記》記載了從廣州通往阿拉伯地區的海上交通『廣州通夷道』，詳述了從廣州港出發，經越南、馬來半島、蘇門答臘半島至印度、錫蘭，直至波斯灣沿岸各國的航綫及沿途地區的方位、名稱、島礁、山川、民俗等。譯經大師義净西行求法，將沿途見聞寫成著作《大唐西域求法高僧傳》，詳細記載了海上絲綢之路的發展變化，是我們瞭解絲綢之路不可多得的第一手資料。

宋代的造船技術和航海技術顯著提高，指南針廣泛應用於航海，中國商船的遠航能力大大提升。北宋徐兢的《宣和奉使高麗圖經》詳細記述了船舶製造、海洋地理和往來航綫，是研究宋代海外交通史、中朝友好關係史、中朝經濟文化交流史的重要文獻。南宋趙汝適《諸蕃志》記載，南海有五十三個國家和地區與南宋通商貿易，形成了通往日本、高麗、東南亞、印度、波斯、阿拉伯等地的『海上絲綢之路』。宋代爲了加强商貿往來，於北宋神宗元豐三年（一〇八〇年）頒佈了中國歷史上第一部海洋貿易管理條例《廣州市舶條法》，并稱爲宋代貿易管理的制度範本。

元朝在經濟上採用重商主義政策，鼓勵海外貿易，中國與歐洲的聯繫與交往非常頻繁，其中馬可•波羅、伊本•白圖泰等歐洲旅行家來到中國，留下了大量的旅行記，記録元代海上絲綢之路的盛况。元代的汪大淵兩次出海，撰寫出《島夷志略》一書，記録了二百多個國名和地名，其中不少首次見於中國著録，涉及的地理範圍東至菲律賓群島，西至非洲。這些都反映了元朝時中西經濟文化交流的豐富内容。

明、清政府先後多次實施海禁政策，海上絲綢之路的貿易逐漸衰落。但是從明永樂三年至明宣德八年的二十八年裏，鄭和率船隊七下西洋，先後到達的國家多達三十多個，在進行經貿交流的同時，也極大地促進了中外文化的交流，這些都詳見於《西洋蕃國志》《星槎勝覽》《瀛涯勝覽》等典籍中。

關於海上絲綢之路的文獻記述，除上述官員、學者、求法或傳教高僧以及旅行者的著作外，自《漢書》之後，歷代正史大都列有《地理志》《四夷傳》《西域傳》《外國傳》《蠻夷傳》《屬國傳》等篇章，加上唐宋以來衆多的典制類文獻、地方史志文獻，集中反映了歷代王朝對於周邊部族、政權以及西方世界的認識，都是關於海上絲綢之路的原始史料性文獻。

海上絲綢之路概念的形成，經歷了一個演變的過程。十九世紀七十年代德國地理學家費迪南・馮・李希霍芬（Ferdinad Von Richthofen，一八三三～一九〇五），在其《中國：親身旅行和研究成果》第三卷中首次把輸出中國絲綢的東西陸路稱爲『絲綢之路』。有『歐洲漢學泰斗』之稱的法國漢學家沙畹（Édouard Chavannes，一八六五～一九一八），在其一九〇三年著作的《西突厥史料》中提出『絲路有海陸兩道』，蘊涵了海上絲綢之路最初提法。迄今發現最早正式提出『海上絲綢之路』一詞的是日本考古學家三杉隆敏，他在一九六七年出版《中國瓷器之旅：探索海上的絲綢之路》中首次使用『海上絲綢之路』一詞；一九七九年三杉隆敏又出版了《海上絲綢之路》一書，其立意和出發點局限在東西方之間的陶瓷貿易與交流史。

二十世紀八十年代以來，在海外交通史研究中，『海上絲綢之路』一詞逐漸成爲中外學術界廣泛接受的概念。根據姚楠等人研究，饒宗頤先生是華人中最早提出『海上絲綢之路』的人，他的《海道之絲路與昆侖舶》正式提出『海上絲路』的稱謂。選堂先生評價海上絲綢之路是外交、貿易和文化交流作用的通道。此後，大陸學者馮蔚然在一九七八年編寫的《航運史話》中，使用『海上絲綢之路』一詞，這是迄今學界查到的中國大陸最早使用『海上絲綢之路』的人，更多地限於航海活動領域的考察。一九八〇年北京大學陳炎教授提出『海上絲綢之路』研究，并於一九八一年發表《略論海上絲綢之路》一文。他對海上絲綢之路的理解超越以往，且帶有濃厚的愛國主義思想。陳炎教授之後，從事研究海上絲綢之路的學者越來越多，尤其沿海港口城市向聯合國申請海上絲綢之路非物質文化遺産活動，將海上絲綢之路研究推向新高潮。另外，國家把建設『絲綢之路經濟帶』和『二十一世紀海上絲綢之路』作爲對外發展方針，將這一學術課題提升爲國家願景的高度，使海上絲綢之路形成超越學術進入政經層面的熱潮。

與海上絲綢之路學的萬千氣象相對應，海上絲綢之路文獻的整理工作仍顯滯後，遠遠跟不上突飛猛進的研究進展。二〇一八年厦門大學、中山大學等單位聯合發起『海上絲綢之路文獻集成』專案，尚在醖釀當中。我們不揣淺陋，深入調查，廣泛搜集，將有關海上絲綢之路的原始史料文獻和研究文獻，分爲風俗物産、雜史筆記、海防海事、典章檔案等六個類别，彙編成《海上絲綢之路歷史文化叢書》，於二〇二〇年影印出版。此輯面市以來，深受各大圖書館及相關研究者好評。爲讓更多的讀者親近古籍文獻，我們遴選出前編中的菁華，彙編成《海上絲綢之路基本文獻叢書》，以單行本影印出版，以饗讀者，以期爲讀者展現出一幅幅中外經濟文化交流的精美畫卷，爲海上絲綢之路的研究提供歷史借鑒，爲『二十一世紀海上絲綢之路』倡議構想的實踐做好歷史的詮釋和注脚，從而達到『以史爲鑒』『古爲今用』的目的。

凡例

一、本編注重史料的珍稀性，從《海上絲綢之路歷史文化叢書》中遴選出菁華，擬出版百册單行本。

二、本編所選之文獻，其編纂的年代下限至一九四九年。

三、本編排序無嚴格定式，所選之文獻篇幅以二百餘頁爲宜，以便讀者閱讀使用。

四、本編所選文獻，每種前皆注明版本、著者。

五、本編文獻皆爲影印，原始文本掃描之後經過修復處理，仍存原式，少數文獻由於原始底本欠佳，略有模糊之處，不影響閱讀使用。

六、本編原始底本非一時一地之出版物，原書裝幀、開本多有不同，本書彙編之後，統一爲十六開右翻本。

目録

諸蕃志校注

諸蕃志校注

馮承鈞 撰

民國二十九年商務印書館鉛印本

史地小叢書

諸蕃志校注

馮承鈞撰

商務印書館發行

馮承鈞撰

史地小叢書

諸蕃志校注

商務印書館發行

目錄

卷下　志物

諸蕃志校注序

宋人誌海國之書。僅有是編賴永樂大典以傳。今所見鈔本刻本。得謂其皆直接或間接出於大典本。舊刻本有二。曰函海本。刊刻不止一次。以乾隆初刻本為較佳。曰學津討原本。雖較晚出。然足以訂正函海本者不止一處。近有國學文庫本。乃據道光刻函海本排印。似未詳加校勘。較之原本訛奪十餘字。所見鈔本。除四庫全書本外。有二本。一本似亦從函海本鈔出。所據本似為光緒七年刻本。一本似從學津討原本鈔出。上有沈曾植眉注。皆不見佳。今取諸本互校。然後據通典嶺外代答文獻通考宋史等書勘正其誤。蓋此類載籍或經是編採摭。抑或轉錄是編之文。可以互證也。

諸刻本原有注。除確知為李調元注而標明李注外。餘注未能辨出何手。概著原注二字以別之。然不能必為趙汝适自注也。民元德國學者 Friedrich Hirth 與美國學者 W. W. Rockhill 曾將是編迻譯。並為注釋。而改題曰 CHAU JU-KUA: His Work on the Chinese and Arab Trade in the Twelfth and Thirteenth Centuries, entitled Chu-fan-chi. 博採西方撰述。注釋頗為豐贍。然亦不乏訛誤。今採其精華。正其訛誤。補其闕佚。凡標明譯注者。或是全錄其文。或是節取其說。間有其說。創自譯注。而在本書中變更抑補充者。則不標譯注二字。非敢掠美。恐有訛誤。不願他人負己責也。計所採譯注之文十之五六。餘則採近二十餘年諸家考證之成績。間亦自出新說。然無多也。

前此校勘諸書未採四庫全書提要之文。獨是編錄四庫全書提要於卷首者。不沒其考證趙汝适世系之功也。然此提要仍未免舛誤。商王元份見宋史二三一宗室世系表。又見二四五宗室列傳。提要作簡王。不知何所本。宋史四八九有丹眉流。提要作丹流眉。亦未詳何所據。又引唐時祆教廣州海獠。以考大秦。仍未脫穿鑿附會之習也。

是編雖爲考證宋代西南海諸蕃國之唯一載籍。而文獻通考與宋史嘗引用之。然亦未免舛訛。蓋汝适所記。非親歷目擊之詞。或採摭舊文。或尋訪賈胡。與三百年前波斯驛長霍達白(ibn Khordadzbeh)撰郡國道里志之情形相同。既憑耳食。益以臆測。自難免附會混淆。本書有大秦天竺大食諸條。未讀其文。以意揣之。此大秦應是昔之羅馬。或其屬地。天竺應是印度。或印度境內之一國。大食應是當時黑衣大食朝都城白達。其實不然。大秦條首採嶺外代答文。復雜採諸史傳語以益之。並以所聞買胡語附焉。史傳之大秦蓋指羅馬帝國境內之一地。買胡所言者乃大食國都白達。則本書之大秦。謂爲西利亞也可。謂爲白達亦無不可。本書於天竺已有南毗胡茶辣麻囉華注輦諸國。不必別出天竺一條。乃又雜採史傳文自爲一條。可謂畫蛇添足。聖水故事屬慕底納城。嶺外代答綴其事於大秦條末已誤。而本書又移置於天竺條中。則成張冠李戴矣。大食在本書中殆成回教諸國之通稱。故本書大秦條亦爲雜湊之文。所言大食國都蓋合白達(Bagdad)大馬司(Damasous)蜜徐籬(Misr)麻囉拔(Malabar)諸地言之。未能確指爲何國也。是皆本書之失。然此失昔之言蕃國事者多有之。甚至史傳亦有未免。不可因一眚而掩全書也。

本書除採史傳及嶺外代答之文外。頗有不見前人記載之文。所記海國之廣。東自日本。西抵西細利。沿海諸國幾盡列舉無遺。現存地理外紀類書。未有詳備如是編者也。三佛齊條之足補綴室利佛逝國史。與大唐西域記之能補綴印度史。功績蓋同。就此方面言。是編蓋爲治西南海史者之佳作云。

民國二十六年六月二十四日馮承鈞識

李調元序

宋趙汝适爲福建提舉市舶時撰諸蕃志一卷。雜記蕃國名物。疏釋最詳。與今世所見聞無小異。蓋從目覩之餘得其名狀。不徒作紙上談也。予視學嶺海。嘗攜此卷。逐加勘訂。欲其歷歷不爽。此足見古人著作之精。而後之游目其間者。亦不無多識之助云。童山李調元雨村序。

諸蕃志　李序　一

趙汝适序

禹貢載島夷卉服。厥篚織貝。蠻夷通財於中國古矣。繇漢而後。貢珍不絕。至唐市舶有使。招徠懋遷之道自是益廣。國朝列聖相傳。以仁儉爲寶。聲教所暨。累譯奉琛。於是置官於泉廣以司互市。蓋欲寬民力而助國朝。其與貴異物窮侈心者。烏可同日而語。汝适被命此來。暇日閱諸蕃圖。有所謂石牀長沙之險。交洋竺嶼之限。問其志則無有焉。迺詢諸賈胡。俾列其國名。道其風土。與夫道里之聯屬。山澤之蓄產。譯以華言。删其穢渫。存其事實。名曰諸蕃志。海外環水而國者以萬數。南金象犀珠香瑇瑁珍異之產。市於中國者。大略見於此矣。噫。山海有經。博物有志。一物不知。君子所恥。是志之作。良有以夫。寶慶元年九月日。朝散大夫提舉福建路市舶趙汝适序。

右序見藝風藏書記卷三。記云。此書從大典四千二百六十二蕃字韻輯出。一刻於函海。再刻於學津討原。均遺其自序。又上卷志國。下卷志物。張本志國二字亦遺去矣。

諸 蕃 志 趙序 一

四庫全書提要

諸蕃志二卷。宋趙汝适撰。汝适始末無考。惟據宋史宗室世系表。知其爲岐王仲忽之元孫。安康郡王士說之曾孫。銀青光祿大夫不柔之孫。善待之子。出於簡王元份房。上距太宗八世耳。此書乃其提舉福建路市舶時所作。於時宋已南渡。諸蕃惟市舶僅通。故所言皆海國之事。宋史外國列傳實引用之。核其敘次事類歲月皆合。但宋史詳事蹟而略於風土物產。此則詳風土物產而略於事蹟。蓋一則史傳。一則雜志。體各有宜。不以偏舉爲病也。所列諸國。賓瞳龍史作賓同隴。登流眉史作丹流眉。阿婆羅拔史作阿蒲羅拔。麻逸史作摩逸。蓋譯語對音。本無定字。龍隴三聲之通。登丹蒲婆麻摩雙聲之轉。呼有輕重。故文有異同。無由核其是非。今亦各仍其舊。惟南宋僻處臨安。海道所通。東南爲近。志中乃兼載大秦天竺諸國。似乎隔越西域。未必親覩其人。然考册府元龜載唐時祆教稱大秦寺。桯史所記廣州海獠。即其種類。又法顯佛國記載陸行至天竺。附商舶還晉。知二國皆轉海可通。故汝适得於福州見其市易。然則是書所記。皆得諸見聞。親爲詢訪。宜其敘述詳核。爲史家之所依據矣。

諸蕃志

卷上　志國

交趾國

交趾。（注一）古交州。東南薄海。接占城。（注二）西通白衣蠻。（注三）北抵欽州。歷代置守不絕。賦入至薄。守禦甚勞。皇朝重武愛人。不欲宿兵瘴癘之區。以守無用之土。因其獻款。從而羈縻之。王係唐姓。（注四）服色飲食略與中國同。但男女皆跣足差異耳。每歲正月四日椎牛饗其屬。以七月十五日爲大節。家相問遺。官寮以生口獻其酋。十六日開宴酬之。（注五）歲時供佛。不祭先。病不服藥。夜不燃燈。樂以蚺蛇皮爲前列。（注六）不能造紙筆。求之省地。（注七）土產沉香。蓬萊香。（注八）生金。銀。鐵。朱砂。珠。貝。犀。象。翠羽。車渠。鹽。漆。木綿。吉貝（注九）之屬。歲有進貢。其國不通商。以此首題。言自近者始也。舟行約十餘程抵占城國。

諸蕃志　卷上　二

（注一）交趾。漢初南越地。漢武帝平南越。分其地爲九郡。南三郡曰交趾。日南。九眞。置交州刺史以領之。後漢置交州。晉宋齊陳隋因之。間或改州爲郡。唐武德中改交州總管府。至德中改安南都護府。宋乾德初。交趾管內十二州大亂。丁部領自立。後歷黎氏李氏陳氏。世王其地。寶慶元年爲陳氏太宗建中元年。陳氏卽於是年代李氏。

（注二）占城見後條。

（注三）譯注。白衣蠻疑指唐之白蠻。一稱西爨白蠻。今雲南玀玀。其遺裔也—白蠻見新唐書二二二下兩爨蠻傳。

（注四）參看史地叢考續編越南歷朝世系。

（注五）桂海虞衡志。「正月四日。酋椎牛饗其臣。七月五日爲大節。人相慶遺。官僚以生口獻其酋。翌日酋開宴酧之。」—嶺外代答卷二安南國條「正月四日。國王宴官僚。七月五日號大節。人民相慶。官僚以生口獻王。王次日宴酬之。」—本條兩十字疑衍。

（注六）李案此句未詳。疑有誤字—桂海虞衡志。「歲時不供先。病不服藥。夜不燃燈。上巳日。男女集會爲行列。結五色綵爲毬。歌而抛之。謂之飛駞。男女自成列。女受駞。男婚以定。」—列字上應有脫文。南方樂器有腰鼓。或用蚺蛇皮鞔之。疑鈔胥錯錄其文於此。而又脫飛駞事。

（注七）李案省地二字句未詳。—桂海虞衡志亦作「不能造紙筆。求之省地。」

（注八）本書卷下沉香條云。「海南亦產沉香。其氣清而長。謂之蓬萊沉。」

（注九）本書卷下吉貝條。「最堅厚者謂之兜羅綿。次曰番布。次曰布棉。又次曰吉布。」—皆指綿花。梵語綿曰 karpāsa 又作 tila 兜羅古貝對音皆本此。載籍吉貝亦訛作吉貝。—譯注。馬來語作 kapas。

占城國

占城（注一）東海路通廣州。西接雲南。南至眞臘。（注二）北抵交趾。通邕州。自泉州至本國順風舟行二十餘程。其地東西七百里。南北三千里。國都號新州。（注三）有縣鎮之名。甃塼爲城。護以石塔。王出入乘象。或乘軟布兜。（注四）四人舁之。頭戴金帽。身披瓔珞。王每出朝坐。輪使女三十人持劍盾。或捧檳榔從。官屬謁見。膜拜一而止。白事畢。膜拜一而退。婦人拜揖與男子同。男女犯姦皆殺。盜有斬指斷趾之刑。戰則五人結甲。走則同甲皆坐以死。唐人被土人殺害。追殺償死。國人好潔。日三五浴。以腦麝合香塗體。又以諸香和焚薰衣。四時融暖。無寒暑候。每歲元日牽象周行所居之地。然後驅逐出郭。謂之逐邪。四月有遊船之戲。陳魚而觀之。定十一月望日爲冬至。州縣以土產物帛獻于王。民間耕種率用兩牛。五穀無麥。有秔粟麻豆。不產茶。亦不識醞釀之法。止飲椰子酒。菓實有蓮蔗蕉椰之屬。土地所出象牙。箋。（注五）沉。（注六）速香。（注七）黃蠟。烏樠木。（注八）白藤。吉貝花布。絲綾布。白氎。簟。（注九）孔雀。犀角。紅鸚鵡等物。官監民入山斫香輸官。謂之身丁香。（注一〇）如中國身丁鹽稅之類。納足聽民貿易不以錢爲貨惟博米酒及諸食物以此充歲計若民入山爲虎所噬或水行被鱷魚之厄其家指其狀詣王王命國師作法誦呪書符投民死所虎鱷即自投赴請命殺之若有欺詐誣害之訟官不能明令競主同過鱷魚潭其負理者魚即出食之理直者雖過十餘次鱷自避去(注一一)買人爲奴婢每一男子鬻金三兩準香貨酬之商舶到其國即差官摺黑皮爲策書白字(注一二)抄物數監盤上岸十取其二外聽交易如有隱瞞籍沒入官番商興販用腦麝檀香草席涼傘絹扇漆器甆器鉛錫酒糖等博易舊州烏麗日麗越裏微芮賓瞳龍烏馬拔弄容蒲羅甘兀亮寶毗齊(注一三)皆其屬國也其國前代罕與中國通周顯德中始遣使入貢皇朝建隆乾德間各貢方物太平興國六年交趾黎桓上言欲以其國俘九十三人獻于京師太宗令廣州止其俘存撫之自是貢獻不絕輒以器幣優賜嘉其嚮慕聖化也國南五七日程至眞臘國(注一四)

(注一)占城原名 Campa 或 Campapura 蓋以印度鴦伽 (Anga) 古國之都城名爲國名大唐西域記名曰摩訶瞻波 (Mahācampa) 此言大瞻波俾與恆河上之瞻波 (Campa) 有別西域求法高僧傳作占波新唐書南蠻傳作占婆或作占不勞元史本紀作占八韃八皆其對音也中國載籍又名其國曰林邑似首見三國志吳志呂岱傳

著錄南海寄歸內法傳亦作臨邑新唐書南蠻傳又有環王之號此二名皆未詳所本唐代末葉始名其國曰占城林邑環王之稱遂廢占城國勢盛時分三部北部名 Amarâvati 今安南廣南省地都城曰 Indrapura 今茶蕎中部名 Vijaya 今平定省地都城名同舊譯曰佛逝曰闍盤今平定省會南部曰 Pāṇḍuranga 卽本書之賓瞳龍宋時北部已併入安南參看占婆史

（注二）眞臘卽柬埔寨（Kamboja）吉蔑（Khmer）種所建國本書有專條

（注三）新州應指佛逝中部之新都也以對北部之舊州而言其地至明初始夷爲安南郡縣

（注四）嶺外代答卷十抵鵶條云「自安南及占城眞臘皆有肩輿以布爲之制如布囊以一長竿舉之上施長篷以木葉鱗次飾之如中州轎頂也二人舉一長竿又二人衆行安南名曰抵鵶」卽此軟布兜也唐人有擔子或亦此類—譯注引 Schlegel 說謂軟布兜係譯名出僧伽羅語（Singalese）之 handul 顯誤

（注五）箋香乃沉香之次者本書卷下有專條

（注六）沉香形多異而名亦不一參看本書卷下沉香條

（注七）速香生速爲上熟速次之又次爲暫香參看本書卷下速暫香條

（注八）烏樠木卽烏木參看本書卷下烏樠木條

（注九）譯注謂白氎乃突厥語 pakhta 之對音案南史高昌傳草棉曰白氎子或如譯注之說然白氎早見廣志織毛褥也應別有所本

（注一〇）瀛涯勝覽占城條云「山產烏木伽藍香觀音竹降眞香烏木甚潤黑絕勝他國出者伽藍香惟此國一大山出產天下再無出處其價甚貴以銀對換」身丁香應指伽藍香伽藍乃 kalambak 之對音馬來語以名沉香之一稱也

（注一一）瀛涯勝覽占城條云「有一通海大潭名鰐魚潭如人有爭訟難明之事官不能決者則令爭訟二人騎水牛赴過其潭理虧者鰐魚出而食之理直者雖過十次亦不被食」

（注一二）瀛涯勝覽占城條云「其書寫無紙筆用羊皮搥薄或樹皮薰黑摺成經摺以白粉載字爲記」

（注一三）舊州應指今之茶蕎烏麗文獻通攷三三二占城條作烏里州今地未詳日麗疑在安南洞海江上島夷志略有日麗條賓瞳龍本書有專條烏馬拔疑是 Amaravati 之對音弄容疑是思容之誤宋元時代順化灣南口之港名也蒲羅廿兀假定是 pulo Gambir 島毗齊疑是 Vijaya 餘無考參看西域南海史地考證譯叢一一九至一二〇頁

（注一四）參看占婆史

賓瞳龍國

賓瞳龍國（注一）地主手飾衣服與占城同以葵蓋屋木作柵護歲貢方物於占城今羅漢中有賓頭盧尊者蓋指此地言之賓瞳龍音訛也（注二）或云目連舍基尚存（注三）雍熙四年同大食國（注四）來貢方物

（注一）占城南部名 Pāṇḍuraṅgā 已見占城條注一其同名異譯見諸載籍者有新舊唐書之奔陀浪宋史之賓同隴賓陀羅賓頭狼明史之賓童龍嶺外代答之賓瞳朧賓陁陵島夷志略之賓童龍民多朗參看西域南海史地考證譯叢續編中國載籍中之賓童龍條。

（注二）賓頭盧羅漢原名作 Piṇḍola Bhāradvāja 殆其音與賓瞳龍近遂誤以人名地名合而爲一。

（注三）目連乃 Maudgayāyana 羅漢之譯名嶺外代答卷二占城條後云「其屬有賓瞳朧國賓陁陵國目連舍基在賓陁陵或云即王舍城」蓋爲本條錯誤之所本明史賓同龍傳又訛云「如來入舍衞國乞食即其地」皆附會之說也。

（注四）大食蓋指 Abbasides 朝哈里發所建國本書有專條。

眞臘國

眞臘（注一）接占城之南東至海西至蒲甘（注二）南至加羅希（注三）自泉州舟行順風月餘日可到其地約方七千餘里國都號祿兀（注四）天氣無寒其王粧束大概與占城同出入儀從則過之間乘輦駕以兩馬或用牛其縣鎮亦與占城無異官民悉編竹覆茅爲屋惟國王鐫石爲室有青石蓮花池沼之勝跨以金橋約三十餘丈殿宇雄壯侈麗特甚王坐五香七寶牀施寶帳以紋木爲竿象牙

諸　蕃　志　卷上　七

爲壁。羣臣入朝先至階下三稽首。升階則跪。以兩手抱膊。遶王環坐議政事。訖跪伏而退。西南隅銅臺上列銅塔二十有四。鎮以八銅象。各重四千斤。戰象幾二十萬。馬多而小。奉佛謹嚴。日用番女三百餘人舞獻佛飯。謂之阿南。即妓弟也。其俗淫姦則不問。犯盜則有斬手斷足燒火印胸之刑。其僧道呪法靈甚。僧衣黃者有室家。衣紅者寺居。戒律精嚴。道士以木葉爲衣（注五）有神曰婆多利。祠祭甚謹。以右手爲淨。左手爲穢。取雜肉羹與飯相和。用右手掬而食之。厥土沃壤。田無畛域。視力所及而耕種之。米穀廉平。每兩烏鉛可博米二㪷。土産象牙。暫速。細香。粗熟香（注六）黃臘。翠毛。原注云·此國最多·篤耨。腦篤耨瓢（注七）番油。姜皮。金顏香（注八）蘇木（注九）生絲。綿布等物。番商興販用金銀。瓷器。假錦。涼傘。皮鼓。酒。糖。醯醢之屬博易。登流眉。波斯蘭。羅斛。三濼。眞里富。麻羅問。綠洋。吞里富。蒲甘。窊裏。西棚。杜懷。潯番（注一〇）皆其屬國也。本國舊與占城鄰好。歲貢金兩。因淳熙四年五月望日占城主以舟師襲其國都。請和不許。殺之。遂爲大讐。誓必復怨。慶元己未大舉入占城。俘其主。戮其臣僕。勦殺幾無噍類。更立眞臘人爲主。占城今亦爲眞臘屬國矣（注一一）唐武德中始通中國。國朝宣和二年遣使入貢。其國南接三佛齊屬國之加羅希。（注一二）

（注一）眞臘國名未詳其所本之對音指 Khmer 人所建之 Kamboja 國也新唐書南蠻傳云「眞臘一曰吉蔑（Khmer）本扶南屬國……其王刹利伊舍那（Īśanasena）貞觀初幷扶南有其地」是爲眞臘國名首見中國紀傳之始至其自稱之 Kamboja 國名眞臘風土記作甘孛智又引西番經作澉浦只明史眞臘傳作甘破蔗又作東埔寨。

（注二）蒲甘即 Pagan 本書有專條。

（注三）加羅希即 Grahi 今 Chaiya 地。

（注四）當時東埔寨都城應在 Angkor 據伯希和說此祿兀蓋爲梵文 nagara 轉出之 lokor 或 logor 讀法而 Angkor 又爲最後之轉讀也參看西域南海史地考證譯叢一二一至一二二頁。

（注五）眞臘風土記「爲儒者呼爲班詰（pandita）爲僧者呼爲苧姑（chaukū）爲道者呼爲八思惟」參看史地叢考續編六八至七〇頁。

（注六）暫速細香殆指暫香之細者粗熟香殆指黃熟之粗者參看本書卷下速暫香條黃熟香條。

（注七）篤耨腦即白篤耨篤耨瓢即黑篤耨參看本書卷下篤耨香條。

（注八）金顏香亦作金銀香南海語 Kamanyan 之對音也參看本書卷下金顏香條。

（注九）蘇木即蘇枋見南方草木狀南海語 supang 之對音也本書卷下有專條。

（注一〇）嶺外代答卷二眞臘條云「其旁有窊裏國西棚國三泊國麻蘭國登流眉國第辣撻國眞臘爲之都會」眞臘風

土記云「屬郡九十餘曰眞蒲曰查南曰巴澗曰莫良曰蒲買曰雉棍曰木津波曰賴敢坑曰八厮里」核以本條所載國名三泊與三濼麻蘭與莫良暨柬埔寨碑文中之 Malyan 八厮里與波斯蘭應是同名異譯登流眉本書有專條謂在眞臘之西譯注採伯希和說疑爲馬來半島之 Ligor 宋史四八九有丹眉流國東北至羅斛二十五程殆爲同一國也波斯蘭宋史四八九眞臘傳云「其屬邑有眞里富在西南隅東南接波斯蘭西南與登流眉爲鄰」羅斛昔 Lavo 今 Lopburi 在 Menam 下流眞里富在眞臘西南隅見上引宋史疑是眞臘風土記之眞蒲記云「自占城順風可半月到眞蒲乃其境也」伯希和考其地在今 Baria 或 Cap Saint-Jacques 一帶蒲甘卽 Pagan 其餘諸國無考。

（注一一）考碑文眞臘併入占城乃一二〇三至一二二〇年間事俘占城主乃一一九〇年事則在紹熙元年庚戌本條作
慶元己未殆聞其事時在九年後也

（注一二）此外可參看周達觀眞臘風土記達觀所記雖在是編書成後七十餘年要可補本書與史文之闕佚也

登流眉國

登流眉國（注一）在眞臘之西地主椎髻簪花肩紅蔽白朝日登場初無殿宇飲食以葵葉爲椀不施匕筯掬而食之有山曰無弄釋迦涅槃示化銅象在焉產白荳蔻箋沉速香（注二）黃蠟紫礦之屬

（注一）登流眉首見嶺外代答卷二眞臘條著錄伯希和考訂其爲宋史四八九之丹眉流文獻通攷三三二作州眉流疑誤

丹作舟而又轉爲州宋史識丹眉流之方位云「東至占臘五十程南至羅越水路十五程西至西天三十五程北至程良六十程東北至羅斛二十五程東南至闍婆四十五程西北至洛華二十五程東北至廣州一百三十五程」其中地名僅知占臘爲柬埔寨羅越首見新唐書地理志在馬來半島之南端西天指印度闍婆指爪哇伯希和因疑此國卽昔之 Śrī Dharmarāja 城今之 Ligor （參看交廣印度兩道考七五至七六頁）惟宋史著錄丹眉流之出產爲犀象鍮石紫草蘇木諸藥與登流眉出產不同予以爲宋史之丹眉流或是本書之單馬令然其出產亦多不相合此三國無論是否爲一國要在馬來半島可無疑也

（注二）嶺外代答卷二眞臘條云「最產名香登流眉所產爲絕奇諸番國香所不及也」

蒲甘國

蒲甘國（注一）官民皆撮髻於額以色帛繫之但地主別以金冠其國多馬不鞍而騎其俗奉佛尤謹（注二）僧皆衣黃地主早朝官僚各持花來獻僧作梵語祝壽以花戴王首餘花歸寺供佛國有諸葛武侯廟皇朝景德元年遣使同三佛齊大食國來貢獲預上元觀燈崇寧五年又入貢（注三）

（注一）今之緬甸（Burma）昔分二國北曰緬南曰白古（Pegu）古代載籍名緬國曰驃國見太平御覽一七七引西南異方志及南中八郡志新舊唐書著錄之名同蓋 Pyu 之對音也都城在 Prome 大唐西域記作室利差呾羅舊唐書作突羅成新唐書作突羅朱（參看交廣印度兩道考三四至三六頁）九世紀初年緬國徙都蒲甘(Pugan,

Pagan）。故宋代載籍卽以蒲甘名其國。一〇五七年頃。蒲甘王併入白古。晚至一二八七年。白古因元征緬始自立。

（注二）初緬人信奉大乘。白古人信奉小乘。緬併白古後。改信小乘宗錫蘭上座部。

（注三）嶺外代荅卷二蒲甘條云。「蒲甘國（Pagan）自大理國五程至其國。自窊裏國六十程至之。隔黑水淤泥河（Irrawadi?）則西天諸國不可通矣。蒲甘國王官員皆帶金冠。狀如犀角。有馬不鞍而騎。王居以錫爲瓦。以金銀裏飾屋壁。有寺數十所。僧黃衣。國王早朝。其官僚各持花獻王。僧作梵語祝壽。以花戴王首。餘花歸寺供佛。徽宗崇寧五年（一一〇六）二月曾入貢。」諸蕃志蒲甘條幾盡採此條文。惟刪條首數語。而增武侯廟與景德元年（一〇〇四）入貢二事。宋史四八九僅誌崇寧五年入貢事。

三佛齊國

三佛齊（注一）間於眞臘闍婆（注二）之間。管州十有五。在泉之正南。冬月順風月餘方至凌牙門。經商三分之一（注三）始入其國。國人多姓蒲。（注四）累甓爲城。周數十里。國王出入乘船。身纏縵布。蓋以絹傘。衞以金鏢。其人民散居城外。或作牌水居。鋪板覆茅。不輸租賦。習水陸戰。有所征伐。隨時調發。立酋長率領。皆自備兵器糗糧。臨敵敢死。伯於諸國。無緡錢。止鑿白金貿易。四時之氣。多熱少寒。豢畜頗類中國。有花酒。椰子酒。檳榔蜜酒。皆非麴糵所醞。飲之亦醉。國中文字用番書（注五）以其王指環爲印．亦有中國文字．上章表則用焉．國法嚴．犯姦男女悉寘極刑．國王死．國人削髮成服．其侍人各願徇死．積薪烈焰．躍入其中．名曰同生死．有佛名金銀山．佛像以金鑄．每國王立．先鑄金形以代其軀．用金爲器皿．供佛甚嚴．其金像器皿各鐫誌．示後人勿毁．國人如有病劇．以銀如其身之重施國之窮乏者．亦可緩死．俗號其王爲龍精．不敢穀食．惟以沙糊（注六）食之．否則歲旱而穀貴．浴以薔薇露．用水則有巨浸之患．有百寶金冠．重甚．每大朝會．惟王能冠之．他人莫勝也．傳禪則集諸子以冠授之．能勝之者則嗣．舊傳其國地面忽裂成穴．出牛數萬．成羣奔突入山．人競取食之．後以竹木窒其穴．遂絶．土地所產．瑇瑁．腦子．沉速暫香．粗熟香．降眞香．丁香．檀香．荳蔲．外有眞珠．乳香．薔薇水．梔子花．膃肭臍．沒藥．蘆薈．阿魏．木香．蘇合油．象牙．珊瑚樹．猫兒睛．琥珀．番布．番劍等．皆大食諸番所產．萃於本國．番商興販．用金．銀．甆器．錦綾．纈絹．糖．鐵．酒．米．乾良薑．大黄．樟腦等物博易．其國在海中．扼諸番舟車往來之咽喉．古用鐵索爲限．以備他盜．操縱有機．若商舶至．則縱之．比年寧謐．撤而不用．堆積水次．土人敬之如佛．舶至則祠焉．沃以油則光焰如新．鱷魚不敢踰爲患．若商舶過不入．即出船合戰．期以必死．故國之舟輻湊焉．蓬豐．（注七）登牙儂．（注八）凌牙斯加．（注九）吉蘭丹．（注一〇）佛羅安．（注一一）日羅亭．

(注一二)潛邁(注一三)拔沓(注一四)單馬令(注一五)加羅希(注一六)巴林馮(注一七)新拖(注一八)監篦(注一九)藍無里(注二〇)細蘭(注二一)皆其屬國也其國自唐天祐始通中國(注二二)皇朝建隆間凡三遣貢淳化三年告為闍婆所侵乞降詔諭本國從之咸平六年上言本國建佛寺以祝聖壽願賜名及鐘上嘉其意詔以承天萬壽為額併以鐘賜焉至景德祥符天禧元佑元豐貢使絡繹輒優詔獎慰之(注二三)其國東接戎牙路原注或作重迦盧(注二四)

(注一)三佛齊國名首見宋代載籍殆為 Śrivijaya 之對音唐譯作室利佛逝或作尸利佛逝又別稱金洲蘇門答剌島之大國也都 Palembang 即本條之巴林馮瀛涯勝覽作浡淋邦島夷志略始稱舊港則在元末已徙都詹卑(Jambi)證以宋代載籍徙都之時疑在宋時嶺外代答卷二三佛齊條云元豐二年(一〇七九)七月遣詹卑國使來貢宋史四八九三佛齊傳載其王號詹卑元豐中使至者再諸蕃志此條著錄屬國十五有巴林馮而無詹卑皆足證明宋時其都城在詹卑而不在巴林馮也可參看蘇門答剌古國考

(注二)古代載籍著錄之闍婆或指爪哇或指蘇門答剌多未能決然本書闍婆條云闍婆國又名莆家龍(Pekalongan)則此闍婆明指爪哇矣

(注三)此處應有脫誤凌牙門今 Lingga 峽島夷志略作龍牙門東西洋考西洋針路作龍雅大山宋時海舶赴巴林馮者

應亦取道東西竺(Pulo Aor)與龍牙門也。

（注四）譯注謂蒲字乃阿剌壁語 Abu 之對音。此言父。似誤。據 Ferrand 說。南海語 Pu 或 mPu 貴爵稱號也。蒲字應本此。參看蘇門答剌古國考八頁。

（注五）番書宋史四八九三佛齊傳改作梵書。證以南海出土碑文。三佛齊所用文字。或為梵文。或用梵文寫 Kawi 語。

（注六）瀛涯勝覽滿剌加 (malakka) 條云「有一等樹名沙孤樹。鄉人以此物之皮。如中國葛根擣浸澄濾其粉。作丸如菉豆大。曬干而賣。其名曰沙孤米。可以作飯喫」。即此沙糊。皆南海語 sagu 之同名異譯。今俗稱西米粥者是也。

（注七）蓬豐。今 Pahang。島夷志略作彭坑。明史三二五作彭亨。

（注八）登牙儂。今 Trengganu。島夷志略作丁家廬。明史三二五作丁機宜。

（注九）凌牙斯加。梁書五四作狼牙修。續高僧傳卷一拘那羅陀傳作棱伽修。隋書八二赤土傳作狼牙須。西域求法高僧傳作郎迦戍。島夷志略作龍牙犀角。馬來半島之古國也。似地跨半島東西岸。西至吉陀 (Kedah) 東至宋卡(Songkla)。蘇門答剌古國考三一至三二頁引 Tanjore 碑文有 Ilangaçogam。又爪哇史頌 Nagarakretagama 著錄滿者伯夷 (Majapahit) 諸屬國名有 Lengkasuka。皆其對音。明代載籍。僅武備志航海圖誌有狼西加。疑脫牙字。地在孫姑那(Songkla) 吉蘭丹 (Kelantan) 間。雖為晚見之著錄。要可推測古之狼牙修包括有今大泥 (Patani) 之地。參看海錄注太呢條注。本書有專條。

（注一〇）吉蘭丹。明史作急蘭丹。今 Kelantan 地。參看海錄注咭蘭丹條注。

（注一一）佛羅安。島夷志略丹馬令條作佛來安。譯注考作 Beranang 地在馬來半島西岸 Langat 河上。本書有專條。

（注一二）日羅亭。應亦在馬來半島中。蘇門答剌古國考三一至三二頁引 Tanjore 碑有 Yirudingam 蓋其對音。

（注一三）潛邁。舊考皆誤。似爲 Khmer 之訛譯。唐譯作吉蔑。卽眞臘也。參看蘇門答剌古國考三八至四一頁引蘇萊曼行記。

（注一四）拔沓。疑指蘇門答剌島中之 Battak 部落。島夷志略作花面。瀛涯勝覽作那孤兒。

（注一五）單馬令。島夷志略作丹馬令。得亦爲宋史四八九之丹眉流。梵名 Tambralinga 今 Ligor 也。本書有專條。

（注一六）加羅希。Grahi 之對音。今 Chaiya 也。

（注一七）巴林馮。今 Palembang。瀛涯勝覽作浡淋邦。島夷志略作舊港。

（注一八）新拖。本書蘇吉丹條原注又作孫他。皆 Sunda 之對音。指爪哇島西部。本書有專條。

（注一九）監篦。蘇門答剌東岸之 Kampar。本書有專條。

（注二〇）藍無里。島夷志略作喃哑哩。瀛涯勝覽作南浡里。明史兩傳之。一作南渤利。一作南巫里。大食人行記作 Lamuri。地在蘇門答剌島西北。本書與細蘭合爲一條。

（注二一）細蘭。大食語 Silan 之對音也。明代譯名作錫蘭山。古譯作師子國。今 Ceylon。附見南無里條。

（注二二）室利佛逝國在七世紀時已通中國。參看新唐書二二二下室利佛逝傳。

（注二三）嶺外代答卷二三佛齊條云。「三佛齊國在南海之中。諸蕃水道之要衝也。東自闍婆（Java）諸國。西至大食

(Bagdad)故臨(Quilon)諸國。無不由其境而入中國者。國無所產。而人習戰攻。服藥在身。刃不能傷。陸攻水戰。奮擊無前。以故鄰國咸服。蕃舶過境。有不入其國者。必出師盡殺之。以故其國富犀象珠璣香藥。其俗縛排浮水而居。其屬有佛羅安國。國主自三佛齊選差。地亦產香。氣味腥烈。較之下岸諸國。此爲差勝。有聖佛。三佛齊國王再歲一往燒香。藝祖開基建隆元年九月。三佛齊王悉利大霞里壇遣使來貢方物。二年五月。復遣使進貢。三年三月。又來貢。十二月。又貢方物。至神宗元豐二年七月。遣詹卑國使來貢。哲宗元祐三年閏十二月。又遣使入貢。五月。復來貢。慕義來庭。與他國不侔矣」

(注二四)戎牙路。Jangala 之對音。今 Surabaya 區域之別名也。

單馬令國

單馬令國。(注一)地主呼爲相公。以木作柵爲城。廣六七尺。高二丈餘。上堪征戰。國人乘牛。打鬃跣足。屋舍官場用木。民居用竹。障以葉。繫以藤。土產黃蠟。降眞香。速香。烏樠木。腦子。象牙。犀角。番商用絹傘。雨傘。荷池。纈絹。酒。米。鹽。糖。甆器。盆鉢。麤重等物。及用金銀爲盤盂博易。日囉亭。潛邁。拔沓。加囉希。(注二)類此。本國以所得金銀器糾集日囉亭等國。類聚獻入三佛齊國。

(注一)單馬令梵名 Tambralinga 之對音也。島夷志略作丹馬令。謂地與沙里佛來安爲鄰國。沙里未詳。佛來安本書作佛囉安則此國亦在馬來半島中據一九二五年十一月十三日 Coedès 致巴黎亞洲協會報告書主張單馬令即是昔之 Nagara Śrīdharmarāja 今之 Ligor 城惟伯希和曾主張宋史之丹眉流亦在同一地域（參看本書登流眉條注一）則亦得謂丹眉流爲單馬令之同名異譯矣

（注二）參看本書三佛齊條注一二注一三注一四注一六

凌牙斯加（注一）國

凌牙斯加（注二）國（注三）自單馬令風帆六晝夜可到亦有陸程地主纏縵跣足國人剪髮亦纏縵地產象牙犀角速暫香生香腦子蕃商興販用酒米荷池纈絹甆器等爲貨各先以此等物準金銀然後打博如酒壹墱準銀一兩準金二錢米二墱準銀一兩十墱準金一兩之類歲貢三佛齊國

（注一）（注二）斯下皆脫加字據三佛齊條著錄之諸屬國名補正

（注三）凌牙斯加之同名異譯並見本書三佛齊條注九據伯希和說此國都城在馬來半島西岸之 Kedah 本書南毗條譯名作吉陀或亦爲西域求法高僧傳之羯茶大食人行記之 kalah 則此國在馬來半島西岸又據藤田豐八（島夷志略校注八二至八三頁）說武備志航海圖有狼西加其地略當東西洋考之大泥海語之佛打泥今之 Patani 則又主張此國在馬來半島東岸矣竊以二說可以融和爲一梁書五四狼牙修國傳云「狼牙修國在南海

中。其界東西三十日行。南北二十日行」。足證此國東西（質言之東北至西南）境界較南北爲廣。昔日往來印度洋南海間之旅人。不常通行滿剌加海峽。多取道此國。唐代波斯大食舶亦有止航 Kalah 者。具見此國昔爲東西往來之要衝也。

佛囉安國

佛囉安國。（注一）自凌牙斯加四日可到。亦可遵陸。其國有飛來佛二尊。一有六臂。一有四臂。賊舟欲入其境。必爲風挽回。俗謂佛之靈也。佛殿以銅爲瓦。飾之以金。每年以六月望日爲佛生日。動樂鐃鈸。迎導甚都。番商亦預焉。（注二）土產速暫香。降眞香。檀香。象牙等。番以金。銀。甆。鐵。漆器。酒。米。糖。麥博易。歲貢三佛齊。其鄰蓬豐。登牙儂。加（注三）吉蘭丹類此。

（注一）佛囉安。島夷志略丹馬令條作佛來安。Cerini (J. R. A. S., 1905, 498.) 位在馬來半島西岸之 Beranang。別無他說可採。姑從之。

（注二）嶺外代荅卷二三佛齊條云「其屬有佛羅安國。國主自三佛齊選差。地亦產香。氣味腥烈。較之下岸諸國。此爲差勝。有聖佛。三佛齊國王再歲一往燒香」。

（注三）加字上下應有脫文。或上脫凌牙斯三字。或下脫羅希二字。三佛齊本書有專條。蓬豐。登牙儂。吉蘭丹附見三佛齊條。

參看注七注八注十。

新拖國

新拖國（注一）有港水深六丈舟車出入兩岸皆民居亦務耕種架造物宇悉用木植覆以椶櫚皮藉以木板障以藤篾男女裹體以布纏腰剪髮僅留半寸山產胡椒粒小而重勝於打板（注二）地產東瓜甘蔗匏豆茄菜但地無正官好行剽掠番商罕至興販

（注一）本書蘇吉丹條云「蘇吉丹即闍婆之支國西接新拖東連打板」又同條原注云「賊國丹重布囉琶離孫他故論是也」闍婆顯爲今之爪哇今繁殖於爪哇島之土人東爲爪哇人西爲順塔(Sunda)人則此新拖應是順塔之古譯而孫他又爲其別譯也本條後云「地無正官好行剽掠」故蘇吉丹條原注名之曰賊國

（注二）打板應是爪哇島東部之 Tuban 瀛涯勝覽作杜板者是也本書卷下胡椒條云「胡椒出闍婆之蘇吉丹打板白花園麻東戎牙路以新拖者爲上打板者次之」

監篦國

監篦國（注一）其國當路口舶船多泊此從三佛齊國風帆半月可到舊屬三佛齊後因爭戰遂自立爲王土產白錫象牙眞珠國人好弓箭殺人多者帶符標榜互相誇詫五日水路到藍無里國（注二）

（注一）監篦應是蘇門答剌島東岸之 Kampar（Kampê）。而武備志航海圖作甘杯者是也，其國旣當路口故嶺外代答卷二故臨（Quilon）條云。「監篦國遞年販象牛。大食販馬。前來此國貨賣。」

（注二）藍無里見後條。

藍無里國　細蘭國（注一）

藍無里國。（注二）士產蘇木。象牙。白藤。國人好鬬。多用藥箭。（注三）北風二十餘日到南毗（注四）管。下細蘭國。（注五）自藍無里風帆將至其國。必有電光閃爍。知是細蘭也。其王黑身而逆毛。露頂不衣。止纏五色布。躡金線紅皮履。出騎象。或用軟兜。日啖檳榔。煉眞珠爲灰。屋宇悉用猫兒睛及青紅寶珠。瑪瑙雜寶粧飾。仍用藉地以行。東西有二殿。各植金樹。柯莖皆用金。花實幷葉則以猫兒睛青紅寶珠等爲之。其下置金椅。以琉璃爲壁。王出朝。早升東殿。晚升西殿。坐處常有寶光。蓋日影照射琉璃。與寶樹相映。如霞光閃爍然。二人常捧金盤。從承王所啖檳榔滓。從人月輸金一鎰於官庫。以所承檳榔滓內有梅花腦幷諸寶物也。王握寶珠。徑五寸。火燒不煖。夜有光如炬。王日用以拭面。年九十餘。顏如童。國人肌膚甚黑。以縵纏身。露頂跣足。以手掬飯。器皿用銅。有山名細輪疊。（注六）頂有巨人跡。長七尺餘。其一在水內。去山三百餘里。其山林木低昂。周環朝拱。產猫兒睛。紅玻璃。腦青。紅寶珠。（注七）地產白荳蔻。木蘭皮。麤細香。番商轉易用檀香。丁香。腦子。金銀。瓷器。馬。象。絲帛等爲貨。歲進貢於三佛齊。（注八）

（注一）細蘭國三字原闕。原文疑分二條。傳鈔者合而爲一。

（注二）藍無里在蘇門答剌島之西北角。其同名異譯見本書三佛齊條注二〇。大食語名 Lamuri 之對音也。大食語亦名 Ramni。故嶺外代答譯名作藍里。嶺外代答卷三大食諸國條云「有麻離拔（Malabar）國。廣州自中冬以後發船。乘北風行。約四十日。到地名藍里（Ramni）。博買蘇木白錫長白藤。住至次冬。再乘東北風。六十日順風方到此國。」

（注三）以上屬藍無里條。以下屬細蘭條。

（注四）譯注云南毗指印度西岸諸地。尤特指麻離拔（Malabar）國。本書有專條。麻離拔之侵入細蘭始五一五年。爲時久矣。至一一五三年細蘭王 Prakrama Bahu 逐麻離拔人於島外。而自號楞伽（Lanka）島之獨王。其後復逐注輦（Cola）人於境外。國勢遂振。本條謂南毗管下細蘭國。殆追述前此受制於麻離拔時事耳。

（注五）細蘭梵文雅語名 Simhadvipa。梵文俗語名 Sihadipa。此言師子洲。法顯行傳始著錄師子國名。諸史因之。雜譬喻經作私訶疊。水經注卷一引竺芝扶南記作私訶條。皆其音譯。梵文復有 Simhala 之稱。此言執師子。西域記作僧伽羅。西域求法高僧傳作僧訶羅。島夷志略作僧加剌。及其他同名異譯。皆其對音也。大食人訛讀而成 Silan。此本書細蘭譯名之所本。宋史四八九注輦傳有悉蘭。有西蘭。瀛涯勝覽有錫蘭。皆其同名異譯。此外尙有楞伽寶渚等稱。今 Ceylon 島也。

（注六）大食語名細蘭島中之阿聃峯(Adam's Peak)曰 Sirandib。細輪疊蓋本此。

（注七）瀛涯勝覽錫蘭條云「王居之側有一大山(Adam's Peak)侵雲高聳。山頂有人脚跡一箇。入石深二尺。長八尺餘。云是人祖阿聃聖人。卽盤古之足跡也。此山內出紅雅姑。青雅姑。黃雅姑。靑米藍石。昔剌泥。窟沒藍等一切寶石皆有。每有大雨。冲出土流下沙中。尋拾則有。常言寶石乃是佛祖眼淚結成」。

（注八）錫蘭島史(Mahavamsa)載有一二五五年頃三佛齊（或爪馬令）國王兵侵楞伽（卽錫蘭）島事。本條云歲進貢於三佛齊。又三佛齊條列細蘭爲屬國之一。此島或曾隸三佛齊也。參看蘇門答剌古國考一〇七至一〇八頁。

闍婆國

闍婆國。又名莆家龍。（注一）於泉州爲丙巳方。率以冬月發船。蓋藉北風之便。順風晝夜行月餘可到。（注二）東至海。水勢漸低。女人國在焉。愈東則尾閭之所泄。非復人世。（注三）泛海半月至崑崙國。（注四）南至海三日程。泛海五日至大食國。（注五）西至海四十五日程。北至海四日程。西北泛海十五日至渤泥國。（注六）又十日至三佛齊國。又七日至古邏國。（注七）又七日至柴歷亭。（注八）抵交趾。達廣州。國有寺二。一名聖佛。一名捨身。有山出鸚鵡。名鸚鵡山。其王椎髻。戴金鈴。衣錦袍。躡革履。坐方牀。官吏日謁。三拜而退。出入乘象。或腰輿。壯士五七百輩執兵以從。國人見王皆坐。俟其過乃起。以王子三人爲副王。官有司馬傑落佶連（注九）共治國事。如中國宰相。無月俸。隨時量給土產諸物。次有文吏三百餘員。分主城池帑廪及軍卒。其領兵者歲給金二十兩。勝兵三萬。歲亦給金有差。（注一〇）土俗婚聘無媒妁。但納黃金於女家以取之。不設刑禁。犯罪者隨輕重出黃金以贖。惟寇盜則寘諸死。五月遊船。十月遊山。或跨山馬。或乘軟兜。樂有橫笛鼓板。亦能舞。山中多猴。不畏人。呼以宵宵之聲即出。投以果實。則有大猴先至。土人謂之猴王。先食畢。羣猴食其餘。國中有竹園。有鬬鷄鬬猪之戲。屋宇壯麗。飾以金碧。賈人至者。館之賓舍。飲食豐潔。土人被髮。其衣裝纏胸下至於膝。疾病不服藥。但禱求神佛。民有名而無姓。尚氣好鬬。與三佛齊有讐。互相攻擊。宋元嘉十二年嘗通中國。後絕。皇朝淳化三年復修朝貢之禮。其地坦平。宜種植。產稻麻粟豆。無麥。耕田用牛。民輸十一之租。煮海爲鹽。多魚鼈鷄鴨山羊。兼椎馬牛以食。果實有大瓜椰子蕉子甘蔗芋。出象牙犀角眞珠龍腦瑇瑁檀香茴香丁香荳蔻華澄茄降眞香花簟番劍胡椒檳榔硫黃紅花蘇木白鸚鵡。亦務蠶織。有雜色繡絲吉貝綾布地不產茶酒出於椰子及蝦猱丹樹之中此樹華人未曾見或以桄榔檳榔釀成亦自清香蔗糖其色紅白味極甘美以銅銀鍮錫雜鑄爲錢錢六十準金一兩三十二準金半兩番商興販用夾雜金銀及金銀器皿五色纈絹皂綾川芎白芷硃砂綠礬白礬鵬砂砒霜漆器鐵鼎青白甆器交易此番胡椒萃聚商舶利倍蓰之獲往往冒禁潛載銅錢博換朝廷屢行禁止興販番商詭計易其名曰蘇吉丹

(注二)

(注一)闍婆之對音確是 Java 梵語古稱 Yavadvipa 卽法顯行傳之耶婆提通典一八八太平御覽七八七有社薄諸薄疑爲闍婆之古譯究指蘇門答剌抑指爪哇尚未能決降至元代島夷志略譯爲爪哇則確指今之爪哇島矣本書之闍婆似亦指今之爪哇蓋其文云「闍婆國又名莆家龍」案莆家龍爲爪哇北岸 Pekalongan 之譯音久經前人考訂十三世紀初年適當 Tumapel 王朝建國之時此國元史爪哇傳名杜馬班明史爪哇傳作都馬板都古之 Kutaraja 今之 Singhasari 至十三世紀末年滿者伯夷 (Majapahit) 國始代之而興則本書之闍婆國應指杜馬班國

(注二)嶺外代答卷二闍婆國條云「闍婆國又名莆家龍在海東南勢下故曰下岸廣州自十一月十二月發舶順風連昏旦一月可到」

（注三）此數語採自嶺外代答卷二海外諸番國條。

（注四）自島夷志略始名 Pulo Condore 曰崑崙山。本條之崑崙在爪哇東。應非後之崑崙山。疑指 Gurung 島。蘇吉丹條有牛論。證以同條注鎳賊國之故。論與島夷志略爪哇條之巫崙牛論。應是乍論之誤。參看崑崙及中國南海古代航行考。

（注五）昔之大食國。皆指阿剌璧人所建國。然遠在印度洋西。非泛海五日可達。此作南泛海五日至大食國。非方位日程有誤。卽指南海中之一大食國。案新嘉坡。爪哇語名 Tumasik。島夷志略龍牙門條作單馬錫。殆從此名一訛而爲大食。然其地在爪哇北而不在南也。

（注六）渤泥國今 Borneo 島。本書有專條。

（注七）古邏國。疑本大食語之 Kalah。殆指 Kedah 也。

（注八）譯注引 Gerini 說。疑在馬來半島東岸之 Cherating 流域。

（注九）落佶連乃爪哇語 Rakryan 之對音。參看遠東法國學校校刊第十一卷二一頁。

（注一〇）嶺外代答，卷二闍婆條後云。「王及官豪有死者。左右承奉人皆願隨死。焚則躍入火中。棄骨於水。亦踏水溺死不悔。」

（注一一）蘇吉丹見後條。

蘇吉丹

蘇吉丹（注一）即闍婆之支國。西接新拖（注二）。東連打板（注三）。有山峻極。名保老岸（注四）。番舶未到。先見此山頂聳五峯。時有雲覆其上。其王以五色布纏頭。跣足。路行蔽以涼傘。或皂或白。從者五百餘人。各持鎗劍鏢刀之屬。頭戴帽子。其狀不一。有如虎頭者。如鹿頭者。又有如牛頭羊頭鷄頭象頭獅頭猴頭者。旁插小旗。以五色纈絹爲之。土人男剪髮。女打鬃。皆裸體跣足。以布纏腰。民間貿易用雜白銀鑿爲幣。狀如骰子。上鏤番官印記。六十四隻準貨金一兩。每隻博米三十升或四十升至百升。其他貿易悉用。是名曰闍婆金。可見此國即闍婆也。架造屋宇與新拖同。地多米穀。巨富之家倉儲萬餘碩。有樹名波羅蜜。其實如東瓜。皮如栗殼。肉如柑瓣。味極甘美（注五）。亦有荔支芭蕉甘蔗。與中國同。荔支曬乾可療痢疾。蕉長一尺。蔗長一丈。此爲異耳。蔗汁入藥醞釀成酒。勝如椰子。地之所產。大率與闍婆無異。胡椒最多。時和歲豐。貨銀二十五兩可博十包至二十包。每包五十升。設有凶歉寇擾。但易其半。採椒之人爲辛氣熏迫。多患頭痛。餌川芎可愈。蠻婦搽抹及婦人染指甲衣帛之屬。多用硃砂。故番商興販。率以二物爲貨。厚遇商賈。無宿泊飲食之費。其地連百花園。麻東。打板。禧寧。戎牙路。東峙。

打綱黃麻駐麻篱牛論丹戎武囉底勿平牙夷勿奴孤（注六）皆闍婆之屬國也打板國東連大闍婆號戎牙路原注或作重迦盧。居民架造屋宇與中國同其地平坦有港通舟車往來產青鹽綿羊鸚鵡之屬番官勇猛與東邊賊國爲婣彼以省親爲名番舶多遭劫掠之患甚至俘人以爲奇貨每人換金二兩或三兩以此商貨遂絕原注・賊國・丹重布囉・琶離・孫他・故論是也・（注七）打綱黃麻駐麻篱牛論丹戎武囉底勿（注八）平牙夷勿奴孤等國在海島中各有地主用船往來地罕耕種國多老樹內產沙糊（注九）狀如麥麵土人用水爲圓大如綠荳曬乾入包儲蓄爲糧或用魚及肉雜以爲羹多嗜甘蔗芭蕉搗蔗入藥醞釀爲酒又有尾巴樹（注一〇）剖其心取其汁亦可爲酒土人壯健凶惡色黑而紅裸體文身剪髮跣足飲食不用器皿緘樹葉以從事食已則棄之民間博易止用沙糊準以升斗不識書計植木爲柵高二丈餘架屋其上障蓋與新拖同土產檀香丁香荳蔻花簟番布鐵劍器械等物內丹戎武囉麻籬（注一一）尤廣袤多蓄兵馬稍知書計土產降眞黃蠟細香瑇瑁等物丹戎武囉亦有之率不事生業相尙出海以舟劫掠故番商罕至焉

（注一）蘇吉丹之對音殆爲 Sukadana 島夷志略蘇門傍條作斯吉丹考 Pase 諸王史（巴黎亞洲學報第四輯第七

分一八四六年刊五四四頁）所著錄一四七五年滿者伯夷國滅亡時諸屬國名有此 Sukadana 今其名尚存位在渤泥島西南岸惟本條謂此國西接新拖（爪哇西部）東連打板（Tuban）則其地應在爪哇中部而中部無此國名也本書闍婆條云「朝廷屢行禁止興販番商詭計易其名曰蘇吉丹」疑當時闍婆商賈冒蘇吉丹名而其國實爲爪哇中部之一國也

（注二）新拖卽 Sunda 之對音爪哇西部之稱也本條後附注又作孫他明史爪哇傳別作順塔參看新拖條注一本條注七

（注三）打板元史爪哇傳作杜並瀛涯勝覽作杜板今 Tuban 也參看新拖條注二

（注四）譯注引明一統志謂此保老岸卽與吉里門山(Krimon-Java) 相對之巴哪大山而以 Pautuman 岬當之

（注五）波羅蜜卽 Artocarpus integrifolia 梵名作婆那娑 (panasa) 見酉陽雜俎本書有專條

（注六）譯注引 Crawfurd 印度羣島史（第二編二九七頁）謂爪哇島十二世紀至十五世紀間有 Doho, Brambanan, Madang-kamolan, Jangola, Singhasari, Pajajaran, Mojopahit 諸大國遂以百花園當 pajajaran 麻東當 Madang-kamolan 禧寧當 Singhasari 戎牙路當 Jangola 又引 Schlegel 說謂打綱殆爲古之 Samarang 此外則以麻篱當 Bali 丹戎武囉本條附注亦作丹重布囉馬來語 Tanjong-pura 之譯音也蓋爪哇人以名渤泥島之稱底勿本書渤泥條亦作底門以當 Timor 平牙當 Banka 餘無考——考爪哇史頌 Nagarakretagama 第十七頌有地名 Hering 疑是本條之禧寧島夷志略爪哇條作希苓今地未詳第四十二頌有 Gurung 疑是本條之牛論而牛論應是午論之訛蓋本條附注賊國有故論島夷志略爪哇條有巫崙也今地圖亦作 Gorong 又考大食人行記名 Moluccas 島曰 Moluku 疑卽此勿奴孤島夷志略作文老古明史三二三作美洛居戎牙路本條附注或作重迦盧島夷志略作重迦羅今 Surabaya 區域也平牙脫爲 Banka 則島夷志略舊港條之彭家爲其同名異譯打板考見本條注三東峙黃麻駐今地未詳本書渤泥條附注有云沙糊詳見黃麻駐殆原書黃麻駐有專條四庫全書本有刪併歟

（注七）丹重布囉本條作丹戎武囉乃 Tanjongpura 之對音爪哇語渤泥島之稱琶離本條作麻籬梁書五四隋書八二舊唐書一九七新唐書二二二下並作婆利今 Bali 參看交廣印度兩道考九六至九八頁孫他本書又作新拖參看本條注二故論本條作牛論應是午論之訛參看本條注六

（注八）原脫勿字據上文補參看本條注六

（注九）沙糊乃 sagu 之對音參看三佛齊條注六

（注一〇）譯注尾巴樹別見渤泥條 nipa palm 也

（注一一）原倒誤作丹戎麻籬武囉今改正參看本條注六

南毗國　故臨國

南毗國（注一）在西南之極自三佛齊便風月餘可到國都號蔑阿抹唐語曰禮司（注二）其主裸體

跣足縛頭纏腰皆用白布或著白布窄袖衫出則騎象戴金帽以眞珠珍寶雜拖其上臂繫金纏足圈金鍊儀仗有纛用孔雀羽爲飾柄拖銀朱凡二十餘人左右翊衞從以番婦擇貌壯奇偉者前後約五百餘人前者舞導皆裸體跣足止用布纏腰後者騎馬無鞍纏腰束髮以眞珠爲纓絡以眞金爲纏鍊用腦麝雜藥塗體蔽以毛雀毛傘其餘從行官屬以白番布爲袋坐其上名曰布袋轎以扛舁之扛包以金銀在舞婦之前國多沙地王出先差官一員及兵卒百餘人持水灑地以防飈風播揚飲食精細鼎以百計日一易之有官名翰林供王飲食視其食之多寡每裁納之無使過度或因而致疾則嘗糞之甘苦以療治之國人紫色耳輪垂肩習弓箭善刀矟喜戰鬬征伐皆乘象臨敵以綵纈纏頭事佛尤謹（注三）地暖無寒米穀麻豆麥粟芋菜食用皆足價亦廉平鑿雜白銀爲錢鏤官印記民用以貿易土產眞珠諸色番布兜羅綿國有淡水江乃諸流湊匯之處江極廣袤旁有山突兀常有星現其上秀氣鍾結產爲小石如猫兒睛其色明透埋於山坎中不時山水發泂洪推流官時差人乘小舸採取國人珍之（注四）故臨胡茶辣甘琶逸弼離沙麻囉華馮牙囉麻哩抹都奴何啞哩喏吻囉囉哩（注五）皆其屬國也其國最遠番舶罕到時羅巴智力干父子其種類也今居泉之城南土產之物本國運至

吉囉達弄（注六）三佛齊用荷池纈絹甆器樟腦大黃黃連丁香腦子檀香荳蔻沉香爲貨商人就博易焉。故臨國自南毗舟行順風五日可到。泉舶四十餘日到藍里住冬。至次年再發。一月始達（注七）。土俗大率與南毗無異。土產椰子蘇木。酒用蜜糖和椰子花汁醞成。好事弓箭。戰鬪臨敵。以綵纈纏髻。交易用金銀錢。以銀錢十二準金錢之一。地暖無寒。每歲自三佛齊監篦吉陀（注八）等國發船博易。用貨亦與南毗同。大食人多寓其國中。海浴畢用鬱金塗體。蓋欲仿佛之金身。

（注一）此南毗國譯注考作今之 Malabar 西域記卷十之秣羅矩吒(Malakuta)國也。國有秣剌耶(Malaya)山。後其地遂以山名曰 Malayavara 阿剌壁語訛曰 Malaya-bar 此今名之所從出也。本條後列諸屬國名南至故臨(Quilon) 北抵甘琶逸(Cambay)完全包括印度西岸。殆爲十一世紀初年摩訶剌佗(Mahārāṣṭra)遮婁其(Calukya) 朝盛時事。然至十三世紀時國勢已微。屬國分立矣。嶺外代荅卷三大食諸國條有麻離拔國或麻囉拔國。卽此國也。本書不名之曰麻離拔而名之曰南毗者。殆以其地居要勢之婆羅門部落名爲國名。舊考有以南毗爲 Nair 者。有以爲 Namburi 者。伯希和近取後說。此南毗在瀛涯勝覽柯枝(Cochin)古里(Calicut)兩條中作南昆。本書卷下胡椒條附注有南毗無離拔國。卽此國之本名也。可參看拙譯本馬可波羅行紀第一七七章馬里八兒國。

（注二）蔑阿抹．譯注謂卽本條諸屬國中之麻哩抹．卷下胡椒條注之無離拔．而爲 Malabar 之譯名．然其音義與原名皆有未合．疑此名傳寫有誤．抑誤以馬八兒(Maabar)爲 Malabar 之國名也．

（注三）譯注．本書所誌之佛．非必爲佛教之佛．蓋泛指一切金像也．如大秦條誦經禮佛．大食條有佛名麻霞勿．渤泥條遇佛節．其王親供花菓者三日．皆其例也．

（注四）此所言者乃細蘭島事．可參看本書南無里條．又同條注七引瀛涯勝覽文．

（注五）譯注．故臨卽 Kulam．今 Quilon．胡茶辣今 Guzerat．見後條．甘琶逸卽阿剌壁語之 Kambayat．今 Cambay．弼離沙今 Bharoch．麻囉華今 Malwa．馮牙囉今 Mangalore．麻哩抹疑是 Malabar 之對音．都奴何疑是阿剌壁人地誌中之 Tannah．今之 Tana．啞哩喏疑是 Mangalore 與 Fandaraina 間之 Hili．敷嚨囉哩疑是 Cannanore．瀛涯勝覽古里條之狠奴兒也．——案故臨島夷志略作小唄喃．元史亦作俱藍．瀛涯勝覽作小葛蘭．胡茶辣西域記卷十一作瞿折羅．Bharoch 西域記卷十一作跋祿羯呫婆．麻囉華西域記卷十一作摩臘婆．Hili 原本星槎勝覽小唄喃條作下里．惟都奴何以下諸國名應有錯訛．頗難考訂其今地也．

（注六）Gerini 考訂爲 Kwala Terong．疑在 Perak 沿岸．

（注七）故臨國疑別爲一條．而經鈔胥併合爲一．嶺外代答卷二故臨條云「故臨國與大食國相邇．廣舶四十日到藍里住冬．次年再發舶．約一月始達．其國人黑色．身纏白布．鬚髮伸直．露頭撮髻．穿紅皮履．如畫羅漢脚踏者．好事弓箭．遇鬭戰敵時．以綵纈纏髻．國王身纏布．出入以布作軟兜．或乘象．國人好奉事佛．其國有大食國蕃客寄居甚多．每洗浴畢．

用鬱金塗身。欲象佛之金身也。監篦國遞年販象牛。大食販馬。前來此國貿賣。國王事天尊牛。殺之償死。中國舶商欲往大食。必自故臨易小舟而往。雖以一月南風至之。然往返經二年矣」

（注八）原誤監吉篦陀。今改正。監篦本書有專條。吉陀見凌牙斯加條注三。

胡茶辣國

胡茶辣國（注一）管百餘州城。有四重。國人白淨。男女皆穴耳。墜重環。着窄衣。纏縵布。戴白煖耳。躡紅皮鞋。人禁葷食。有佛宇（注二）四千區。內約二萬餘妓。每日兩次歌獻佛飯及獻花。獻花用吉貝線結縛爲毬。日約用三百斤。有戰象四百餘隻。兵馬約十萬。王出入乘象。頂戴冠。從者各乘馬持劍。土產青碇至多。紫礦苛子諸色番布。每歲轉運就大食國貨賣（注三）

（注一）胡茶辣卽 Guzerat。西域記卷十一作瞿折羅(Gurjara)。時其國境南抵恭建(Konkan)。參看馬可波羅行紀第一七八至第一八一四章。

（注二）此處佛宇非佛寺。蓋言印度教之神詞。西域記瞿折羅條已言此國多事外道。少信佛法。參看南毗條注三。

（注三）馬可波羅行紀第一七八章胡茶辣條言此國出產饒有胡椒薑靛。亦多棉花。本條無胡椒。殆有佚文。

麻囉華國

麻囉華國（注一）與胡茶辣連接其國管六十餘州有陸路衣服風俗與胡茶辣國同產白布甚多每歲約發牛二千餘隻馳布就陸路往他國博易

（注一）西域記卷十一有摩臘婆（Malava）一名南羅羅國宋史四九〇天竺傳有摩囉尾國皆麻囉華之同名異譯今地名 Malwa 蓋此古國之遺跡也

注輦國　鵬茄囉國　南尼華囉國

注輦國（注一）西天南印度也東距海五里西至西天竺千五百里南至羅蘭（注二）二千五百里北至頓田三千里自古不通商水行至泉州（注三）約四十一萬一千四百餘里欲往其國當自故臨易舟而行或云蒲甘國亦可往（注四）其國有城七重高七尺南北十二里東西七里每城相去百步四城用磚二城用土最中城以木為之皆植花果雜木第一第二城皆民居環以小濠第三第四城侍郎居之（注五）第五城王之四子居之第六城為佛寺百僧居之第七城即王之所居屋四百餘區所統有三十一部落其西十二曰只都尼施亞盧尼羅琶離鼈琶移布林琶布尼古檀布林蒲登故里婆（注六）輪岑本蹄揭蹄闍黎池窩邪部尼遮古林亞里者林其南八曰無雅加黎麻藍眉古黎苦低舍

里尼。蜜多羅摩。伽藍蒲登。蒙伽林加藍。琶里琶離遊。亞林池蒙伽藍。其北十二曰撥羅耶。無沒离江。注林加里蒙伽藍。漆結麻藍。握折蒙伽藍。皮林伽藍。蒲稜和藍。堡琶來田注离盧娑（注七）囉迷蒙伽藍（注八）民有罪。命侍郎一員處治之。輕者縶於木格笞五七十至一百。重者即斬。或以象踐殺之。其宴則王與四侍郎膜拜于階。遂共作樂歌舞。不飲酒而食肉。俗衣布。亦有餅餌。掌饌執事用妓近萬餘家。日輪三千輩祗役。其嫁娶先用金銀指環使媒婦至女家。後三日會男家親族。約以田土生畜檳榔酒等稱其有無為禮。女家復以金銀指環越諾布及女所服錦衣遺壻。若男欲離女則不敢取聘財。女欲卻男則倍償之。其國賦稅繁重。客旅罕到。與西天諸國鬭戰。官有戰象六萬。皆高七八尺。戰時象背立屋。載勇士。遠則用箭。近則用槊。戰勝者象亦賜號以旌其功。國人尚氣輕生。或有當王前用短兵格鬭。死而無悔。父子兄弟不同釜而爨。不共器而食。然甚重義。地產眞珠。象牙。珊瑚。玻璃。檳榔。荳蔻。琉璃。色絲布。吉貝布。獸有山羊。黃牛。禽有山鷄。鸚鵡。果有餘甘。藤蘿。千年棗。椰子。甘羅。崑崙梅。波羅蜜之類。花有白茉莉。散絲。虵臍佛（注九）。桑麗秋。青黃碧娑（注一〇）。羅瑤蓮。蟬紫。水蕉之類。五穀有綠黑豆。麥。稻。地宜竹。自昔未嘗朝貢。大中祥符八年。其主遣使貢眞珠等（注一一）。譯者導其言曰。願以表遠人慕化之意詔閤門祇候史祐之館伴宴錫恩例同龜茲使適値承天節其使獲預啓聖院祝壽至熙寧十年又貢方物神宗遣內侍勞問之其餘南尼華囉等國不啻百餘悉冠以西天之名又有所謂王舍城者俗傳自交趾之北至大理大理西至王舍城不過四十程按賈耽皇華四(注一二)達記云自安南通天竺是有陸可通其國然達摩之來浮海至番禺豈陸程迂迴不如海道之迅便歟西天鵬茄囉(注一三)國都號茶那咭城圍一百二十里民物好勝專事剽奪以白砑螺殼磨治爲錢土產寶劍兜羅綿等布或謂佛教始于此國唐三藏玄奘取經曾到西天南尼華囉(注一四)國城有三重人早晚浴以鬱金塗體效佛金色多稱婆羅門以爲佛眞子孫屋壁坐席悉塗牛糞相尙以此爲潔家置壇崇三尺三級而升每晨焚香獻花名爲供佛大食番至其國則坐之門外館之別室具供帳器皿婦人犯奸輒殺之官不問土產上等木香細白花蘂布人多食酥酪飯豆菜少食魚肉道通西域西域忽有輕騎來劫但閉門距之數日乏糧自退

(注一)注輦梵名 Cola 大食人名此國曰 Culiyan 名此國人曰 Soli 此宋之注輦明之瑣里二名之所本也地在今 Coromandel 沿岸大唐西域記卷十有珠利邪卽此國人所建之古國然在昔時隸屬波羅婆(Pallava)朝後

自立至十一世紀。廣拓國境。斥地至於榜葛剌（Bengale）海沿岸。參看蘇門答剌古國考三一至三三頁引丹柔里（Tanjore）城碑文。

（注二）文獻通攷三三二注輦傳。宋史四八九注輦傳。所採諸蕃志文。皆作羅蘭。似並爲細蘭之誤。緣通攷及宋史注輦傳後有「國東南約二千五百里有悉蘭池國」語。此悉蘭池殆爲Sirandib之對音。大食語錫蘭島之稱也。諸蕃志曾採大食語之別稱Silan而作細蘭。故知此羅蘭爲細蘭之訛。

（注三）通攷及宋史注輦傳皆作廣州。

（注四）諸蕃志本條幾盡採嶺外代答卷二注輦條。原文曰。「注輦國是西天南印度也。欲往其國。當自故臨（Quilon）國易舟而行。或云蒲甘（Pagan）國亦可往。其國王冠有明珠異寶。多與西天諸國戰爭。國有戰象六萬。皆高七八尺。戰時象背立屋。載勇士。遠則用箭。近則用槊。戰勝者象亦賜號以旌其功。至有賜錦帳金槽者。每日象亦朝王。國王及官民皆撮髻纏白布。以金銀爲錢。出指環腦子。蓋貓兒睛之類也。眞珠象牙雜色琥珀色絲布。妓女近萬家。每日輪妓三千入朝祇役。國人尙氣輕生。有不相伏者。日數十對在王前用短刀格鬭。死而無悔。父子兄弟不同釜而爨。不共器而食。然甚重義。眞宗大中祥符八年（一〇一五）注輦國王遣使貢眞珠等。譯者道其言曰。願以表遠人慕化之心。至神宗熙寧十年（一〇七七）六月。此國亦貢方物。上遣內侍勞問之。乃此國也」。

（注五）通攷及宋史注輦傳並作「其第一至第三城皆民居。環以小河。第四城四侍郎居之」。

（注六）宋史注輦傳作婆。

（注七）宋史注輦傳作婆。

（注八）以上諸地名點斷。概從譯注。然譯注曾自承其點斷純出臆測。且所考訂今地。悉皆出於穿鑿附會。無一可取。今僅知撥羅耶得為西域記之鉢羅耶伽。宋史天竺傳之鉢賴野迦。即古之 Prayaga。今之 Allahabad。堡琶來得為丹柔里碑文之 Pappalam（參看蘇門答剌古國考三二頁）。餘皆俟考。

（注九）原闕佛字。據宋史注輦傳補。佛桑見南越筆記。本草綱目作扶桑。南方草木狀作朱槿。一名赤槿。即 Hibiscus Rosasinensis 也。可參看西域南海史地考證譯叢一二四至一二六頁。

（注一〇）婆應作娑。娑羅樹即 Shorea robusta 也。

（注一一）宋史注輦傳。是年注輦國主羅茶羅乍(Rajaraja)遣使娑里三文(Soli Samudra?) 等入貢。三文述其行程曰「三文離本國。舟行七十七晝夜。歷郍勿丹山(Negapatam)娑里西蘭山 (Soli Silan?) 至占賓國。又行六十一晝夜。歷伊麻羅里山至古羅國 (Kra?) 有古羅山因名焉。又行七十一晝夜。歷加八山。占不牢山。舟寶龍山(Tambralinga?)至三佛齊國(Palembang) 又行十八晝夜。度蠻山水口。歷天竺山(Pulo Aor)至賓頭狼山 (Pāṇḍuraṅga) 望東西王母塚 (Pulo Condore?) 距舟所將百里。又行二十晝夜。度羊山 (Pulo Gambir)。九星山。至廣州之琵琶洲。離本國凡千一百五十日至廣州焉」

（注一二）原誤西。賈耽皇華四達記。新唐書藝文志著錄。漢晉遺書鈔有輯文。

（注一三）鵬茄囉得為 Bangala (Bengale)之對音。島夷志略作朋加剌。瀛涯勝覽作榜葛剌者是也。回教徒侵入以前。

君臨此國者是婆羅門之 Sena 朝。譯注考作大食人著錄之 Ballahra 國。按此國在大食人撰述中以當摩訶剌侘國(Mahāraṣṭra)之 Raṣṭrakuṭa 朝。然此朝亡於九七三年。後此君臨此國之遮婁其(Calukya)朝。在十二世紀末年已式微。不足稱也。

(注一四)南尼華囉。藤田豐八在島夷志略校注(一三一頁)中疑是 Naharawara 之對音。蓋昔大食人以名胡茶辣(本書有專條)都城之稱也。嶺外代答卷三云「西天南尼華囉國城有三重其人早晚必浴以鬱金塗身面效佛金色國人多稱婆羅門以爲佛眞子孫屋壁坐席塗以牛糞家置壇崇三尺三級而升每晨以牛糞塗焚香獻花供養道通西域。西域忽有輕騎來劫但閉門距之。數日乏糧自退」

大秦國

大秦國原注一名犂靬(註一)西天諸國之都會。大食番商所萃之地也。其王號麻囉弗理安都城。(注二)以帛織出金字纏頭。所坐之物則織以絲罽。有城市里巷。王所居舍。以水精爲柱。以石灰代瓦。多設簾幃。四圍開七門。置守者各三十人。有他國進貢者拜於堦戺之下祝壽而退。其人長大美皙頗類中國。故謂之大秦。有官曹簿領。而文字習胡人皆髡頭而衣文繡。亦有白蓋小車旌旗之屬。及十里一亭。三十里一堠。地多獅子。遮害行旅。不百人持兵器偕行。易爲所食。(注三)宮室下鑿地道通禮拜堂一里許。王少出。惟誦經禮佛。遇七日卽由地道往禮拜堂拜佛。從者五十餘人。國人罕識王面。若出遊。則騎馬。用傘。馬之頭頂皆飾以金玉珠寶。遞年大食國王有號素丹(注四)者遣人進貢。如國內有警。卽令大食措置兵甲撫定。所食之物多飯餅肉。不飲酒。用金銀器以匙挑之。食已卽以金盤貯水濯手。土產琉璃。珊瑚。生金。花錦。縵布。紅瑪瑙。眞珠。又出駭鷄犀。駭鷄犀卽通天犀也。漢延嘉初(注五)其國王遣使自日南徼外來獻犀象瑇瑁。始通中國。所供無他珍異。或疑使人隱之。晉太康中又來貢。(注六)或云其國西有弱水流沙。近西王母所處。幾於日所入也。(注七)按杜還經行記云。拂菻國在苫國(注八)西。亦名大秦。其人顏色紅白。男子悉著素衣。婦人皆服珠錦。好飲酒。尙乾餅。多工巧。善織絡。地方千里。勝兵萬餘。與大食相禦。西海中有市。客主同和。我往則彼去。彼來則我歸。賣者陳之於前。買者酬之於後。皆以其値置諸物旁。待領値然後收物。名曰鬼市。(注九)

(注一)古稱羅馬帝國或其領地曰大秦。至名大秦曰犂軒。則出魚豢魏略。史記作犂軒。唐以後名曰拂菻。犂軒伯希和別有考(史地叢考八一至八二頁)。本書大秦條全錄嶺外代答卷三大秦條文。復雜採諸史大秦傳語以益之。並雜以所聞賈胡語。然賈胡所言者似爲黑衣大食所都之報達(Bagdad)故。譯注考訂本書之大秦爲報達。其說詳注二

——嶺外代答卷三大秦條云。「大秦國者。西天諸國之都會。大食蕃商所萃之地也。其王號麻囉弗。以帛織出金字纏頭。所坐之物則織以絲罽。有城郭居民。王所居舍以石灰代瓦。多設簾幃。四圍開七門。置守者各三十人。有他國進貢者拜於階陀之下。祝壽而退。屋下開地道至禮拜堂一里許。王少出。惟誦經禮佛。遇七日即由地道往禮拜堂拜佛。從者五十人。國人罕識王面。若出遊騎馬。打三簷青繖。馬頭項皆飾以金玉珠寶。遞年大食國王號素丹遣人進貢。如國內有警。即令大食措置兵甲前來撫定。所食之物多飯餅肉。不飲酒。用金銀器以匙挑之。食已。即以金盤貯水濯手。土產琉璃。珊瑚。生金。花錦。縵布。紅馬腦。眞珠。天竺國其屬也。國有聖水。能止風濤。若海揚波。以琉璃瓶盛水灑之即止。」

（注二）譯注。大秦國都安都城。始見魏書一〇二大秦傳。則所謂大秦王。蓋指四九八年教會分離後總管亞細亞基督教務之 Antioch 城總主教也。舊唐書一九八。貞觀十七年（六四三）入貢之拂菻王名波多力。此波多力恰合西利亞語 batrik 之對音。此亦言總主教。本書稱其王號麻囉弗。乃爲西利亞教徒所稱景教(Nestorian)總主教之一尊號。即原文作 Mar Aba。此言「主父」者是已。此種尊號並見景教流行中國碑。周去非時。景教總主教駐報達。故有「西天諸國之都會。大食番商所萃之地。」二語。則本條標題固作大秦國。除所引諸史文外。後增之文。蓋言報達。所謂大秦王。蓋指景教總主教。謂理安都城者。蓋襲魏書語也。

（注三）譯注。後漢書一一八大秦傳云。「皆髡頭而衣文繡。乘輜軿白蓋小車。出入擊鼓。建旌旗幡幟。……宮室皆以水精爲柱。……其人民皆長大平正。有類中國。故謂之大秦。……十里一亭。三十里一置。終無盜賊寇警。而道多猛虎師子。遮害行旅，不百餘人齎兵器輒爲所食」——參看三國志三十注引魏略西戎傳．

（注四）譯注一〇〇二年吉慈尼(Ghazni)王 Mahmud 始有素丹(sultan)之號其後 Seldjuk 朝諸王皆受黑衣大食哈里發(caliph)封爲素丹兼總治全國大元帥官號殆爲本條所言之大食國王．

（注五）後漢書一一八大秦傳「桓帝延熹九年（一六六）大秦王安敦(Marcus Aurelius Antonius)遣使自日南徼外獻象牙犀角瑇瑁始乃一通焉」漢書所載甚明杜佑通典一九三始改作延熹初此又誤熹作嘉．

（注六）譯注見晉書九七大秦傳．

（注七）譯注語出後漢書一一八大秦傳．

（注八）通典一九一引杜環經行記云「族子環隨鎮西節度使高仙芝西征天寶十載（七五一）至西海寶應初因賈商船舶自廣州而回著經行記」又一九三引經行記拂菻國云云（見注九）則杜還應是杜環之訛而拂桑應改作拂菻也．——譯注苫乃 Sham 之對音大食語西利亞之稱也杜環被俘時適當白衣大食最後哈里發末換二世(Merwan II) 在位時代時都 Damascus．此城亦以苫名．

（注九）以上盡本經行記．通典一九三引文云「拂菻國有苫國西隔山數千里亦曰大秦其人顏色紅白男子悉著素衣婦人皆服珠錦．好飲酒．尚乾餅．多淫巧．善織絡．或有俘在諸國守死不改鄉風．琉璃妙者天下莫比王城方八十里．四面境土各數十里．勝兵約有百萬．常與大食相禦．西枕西海．南枕南海．北接可薩突厥(Kazar Turk)西海中有市．客主同和．我往則彼去．彼來則我歸．賣者陳之於前．買者酬之於後．皆以其直置諸物傍．待領直．然後收物．名曰鬼市．」

又同卷大食條後引經行記云大食「一名亞俱羅」案亞俱羅乃 Akula 之對音即元史之苦法(Kufa)黑衣大食哈里發之都城也七六二年始徙都報達故杜環未錄報達名.

天竺國

天竺國(注一)隸大秦國所立國主悉由大秦選擇.俗皆辮髮.垂下兩鬢及頂.以帛纏頭.所居以石灰代瓦.有城郭居民.王服錦罽.爲螺髻於頂.餘髮剪之使短.晨出坐㲪皮.原注㲪乃獸名.用朱蠟飾之.畫雜物於其上.羣下皆禮拜祝壽.出則騎馬.鞍轡皆以烏金銀鬧裝.從者三百人.執矛劍之屬.妃衣大袖鏤金紅衣.歲一出.多所賑施.國有聖水.能止風濤.番商用琉璃缾盛貯.猝遇海敭波.以水灑之則止.(注二)後魏宣武時嘗遣使獻駿馬.云其國出獅子.貂.豹.橐.犀.象.瑇瑁.金.銅.鐵.鉛.錫.金縷織成.金罽.白疊.毾㲪.有石如雲母而色紫.裂之則薄如蟬翼.積之則如紗縠.有金剛石.似紫石英.百錬不銷.可以切玉.又有旃檀等香.甘蔗.石蜜.諸果.歲與大秦扶南貿易.以齒貝爲貨.俗工幻化.有弓箭甲矟飛梯地道及木牛流馬之法.而怯於戰鬬.善天文算曆之術.皆學悉曇章書.(注三)以貝多樹葉爲紙.(注四)唐貞觀天授中.嘗遣使入貢.雍熙間有僧囉護哪(注五)航海而至.自言天竺國人.番商以其胡僧.競持

金繒珍寶以施僧一不有實隙地建佛刹于泉之城南今寶林院是也

（注一）天竺今印度乃輿地名諸史天竺傳未明著國名者常不能辨爲何國嶺外代答有西天諸國條本書未採其文本書之天竺條前段文似汝适自輯中段文採錄諸書末數語言僧囉護哪事首云「天竺國隸大秦國所立國主悉由大秦選擇」尤難索解前條所記大秦國經譯注考訂爲報達顧當時回教倘未完全侵入印度不得謂天竺國主悉由報達哈里發選立也疑出傳聞之訛本書誌印度事已有南毗胡茶辣麻囉華注輦四條當時東西兩岸之大國咸具不必複出也殆汝适以史書多有天竺傳特撰此條以補其闕歟

（注二）聖水見嶺外代答卷三大秦條末「國有聖水能止風濤若海揚波以琉璃瓶盛水灑之卽止」案此聖水據瀛涯勝覽在驀底納（Medina）周去非誤以屬報達而本書又誤屬天竺瀛涯勝覽天方條云「又往西行一日到一城名驀底納其馬哈麻（Muhammad）聖人陵寢正在城內至今墓頂豪光日夜侵雲而起墓後有一井泉水清甜名阿必糝糝（Zamzam）下番之人取其水藏於船邊海中倘遇颶風卽以此水洒之風浪頓息」又據事林廣記謂在默伽（Mekka）「大食國祖師名蒲囉吽（Abraham）自幼有異狀長娶妻在荒野生一男子無水可洗棄之地母走尋水不獲及回見其子以脚擦地湧出一泉水清甚此子立名司麻煙（Israel）砌成大井逢旱不乾泛海遇風濤以此水洒之則應手而止」

（注三）李注云「以下闕七字」按此條多採通典一九三天竺條文通典作「其人皆學悉曇章書於貝多樹葉以記事」

中無闕文惟舊唐書一九八天竺傳云「其人皆學悉曇章云是梵天法書於貝多樹葉以紀事」新唐書二二一上天竺傳云「學悉曇章妄曰梵天法書貝多葉以紀事」所闕者疑是梵天法一語耳悉曇梵語 siddhānta 之對音此言字母貝多梵語 patra 之音譯此言樹葉——譯注引酉陽雜俎卷十八云「貝多出摩伽陁(Magadha)國長六七丈經冬不凋此樹有三種一者多羅婆力叉貝多……」案梵語 tāla vṛkṣa patra 此言多羅樹葉也。

（注四）自後魏宣武以下至此並採通典一九三天竺條文通典原文云「後魏宣武帝時南天竺國遣使獻駿馬云其國出師子貂豹獐橐駝犀象有火齊如雲母而色紫裂之則薄如蟬翼積之則如紗縠之重沓有金剛似紫石英百鍊不銷可以切玉瑇瑁金銅鐵鉛錫金縷織成金罽白疊毾㲪又有旃檀鬱金等香甘蔗諸果石蜜胡椒薑黑鹽西與大秦安息交市海中或至扶南交趾貿易多珊瑚珠璣琅玕俗無簿籍以齒貝為貨尤工幻化丈夫致敬極者舐足摩踵而致其辭家有音樂倡伎其王與大臣多服錦罽王為螺髻於頂餘髮剪之使短丈夫剪髮穿耳垂璫俗皆徒跣衣重白色怯於鬬戰有弓箭甲矟亦有飛梯地道木牛流馬之法有文字善天文算歷之術其人皆學悉曇章書於貝多樹葉以記事」參看梁書五四天竺傳。

（注五）譯注囉護哪殆是 Rahula 之譯名其人與釋迦牟尼子同名宋史四九〇天竺傳云「雍熙（九八四至九八八）中衛州僧辭澣自西域還與胡僧密坦羅(Mitra)奉北印度王及金剛坐王(Vajrasana, Bodhigaya)那爛陀(Nalanda)書來又有婆羅門僧永世與波斯外道阿里烟(Ali…?)同至京師」殆與囉護哪同行。

大食國

大食（注一）在泉之西北。去泉州最遠。番船艱於直達。自泉發船四十餘日至藍里博易。住冬。次年再發。順風六十餘日方至其國。（注二）本國所產。多運載與三佛齊貿易。賈轉販以至中國。其國雄壯。其地廣袤。民俗侈麗。甲於諸番。天氣多寒。雪厚二三尺。故貴氈毯。國都號蜜徐籬原注或作麻囉拔。據諸番衝要。（注三）王頭纏織錦番布。朔望則戴八面純金平頂冠。極天下珍寶。皆施其上。衣錦衣。繫玉帶。躡間金履。其居以瑪瑙爲柱。以綠甘原注石之透明如水晶者。爲壁。（注四）以水晶爲瓦。以碌石爲磚。以活石爲灰。帷幕之屬。悉用百花錦。其錦以眞金線夾五色絲織成。檯榻飾以珠寶。堦砌包以純金。器皿鼎竈雜用金銀。結眞珠爲簾。每出朝坐於簾後。官有丞相。披金甲。戴兜鍪。持寶劍。擁衛左右。餘官曰太尉。各領兵馬二萬餘人。馬高七尺。用鐵爲鞋。士卒驍勇。武藝冠倫。街闊五丈餘。就中鑿二丈。深四尺。以備駱駝馬牛䭾負物貨。左右鋪砌青黑石板。尤極精緻。以便來往。民居屋宇與中國同。但瓦則以薄石爲之。（注五）民食專仰米穀。好嗜細麪蒸羊。貧者食魚菜。菓實皆甜無酸。取蒲萄汁爲酒。或用糖煮香藥爲思酥酒。又用蜜和香藥作眉思打華酒。其酒大煖。巨富之家博易金銀。以量爲秤。市肆喧譁。金銀綾錦之類種種萃聚工匠技術咸精其能王與官民皆事天有佛名麻霞勿（注六）七日一削髮剪甲歲首清齋念經一月每日五次拜天農民耕種無水旱之憂有溪澗之水足以灌漑其源不知從出當農隙時其水止平兩岸及農務將興漸漸汎溢日增一日差官一員視水侯至廣行勸集齊時耕種足用之後水退如初（注七）國有大港深二十餘丈東南瀕海支流達於諸路（注八）港之兩岸皆民居日爲墟市舟車輻輳麻麥粟豆糖麪油柴鷄羊鵝鴨魚蝦棗圈蒲萄雜菓皆萃焉土地所出眞珠象牙犀角乳香龍涎木香丁香肉荳蔲安息香蘆薈沒藥血碣阿魏膃肭臍鵬砂琉璃玻瓈硨磲珊瑚樹貓兒睛梔子花薔薇水沒石子黃蠟織金軟錦駞毛布兜羅綿異緞等番商興販係就三佛齊佛囉安等國轉易麻囉抹施曷奴發啞四包閑囉施美木俱蘭伽力吉毗喏耶伊祿白達思蓮白蓮積吉甘眉蒲花羅層拔弼琶囉勿拔甕籃記施麻嘉弼斯羅吉甆尼勿斯離（注九）皆其屬國也其國本波斯之別種隋大業中有波斯之桀黠者探穴得文石以爲瑞乃糾合其衆剽略資貨聚徒浸盛遂自立爲王據有波斯國之西境唐永徽以後屢來朝貢其王盆尼末換之前謂之白衣大食阿婆羅拔之後謂之黑衣大食（注一〇）皇朝乾德四年僧行勤游西域因賜其王書以招懷之（注一一）開寶元年遣使來朝貢四年

同占城闍婆致禮物於江南李煜煜不敢受遣使上其狀因詔自今勿以爲獻(注一二)淳化四年遣副使李亞勿來貢引對於崇政殿稱其國與大秦國爲鄰土出象牙犀角太宗問取犀象何法對曰象用象媒誘至漸近以大繩羈縻之耳犀則使人升大樹操弓矢伺其至射而殺之其小者不用弓矢亦可捕獲賜以襲衣冠帶仍賜黃金準其所貢之直(注一三)雍熙三年同賓瞳龍國來朝咸平六年又遣麻尼等貢眞珠乞不給回賜眞宗不欲違其意竢其還優加恩禮景德元年其使與三佛齊蒲甘使同在京師留上元觀燈皆賜錢縱飲四年偕占城來貢優加館餼許覽寺觀苑囿大中祥符車駕東封其主陁婆離上言願執方物赴泰山從之四年祀汾陰又來詔令陪位舊傳廣州言大食國人無西忽盧華百三十歲耳有重輪貌甚偉異自言遠慕皇化附古邏國舶船而來詔賜錦袍銀帶加束帛(注一四)元祐開禧間各遣使入貢(注一五)有番商曰施那幃(注一六)大食人也蹻寓泉南輕財樂施有西土氣習作叢冢於城外之東南隅以掩胡賈之遺骸提舶林之奇記其實(注一七)

(注一)譯注大食乃中國載籍中阿剌璧人(Arabs)之通稱在本書中則以名回教諸國蓋西亞著作家之 Tazi 或 Tay 也中國載籍之最古譯名曰多氏見義淨西域求法高僧傳玄照傳通典一九三舊唐書一九八新唐書二二一下並

有傳舊唐書云「永徽二年（六五一）始遣使朝貢其姓大食氏名瞰密莫末膩(Emir-al-Mumenin)」新唐書云「永徽二年大食王𢧵蜜莫末膩始遣使者朝貢自言王大食氏」殆誤以波斯語 Tazi 名稱作王氏或王號也據多桑蒙古史第一册二一七頁注波斯語回鶻語並作 Tazi 阿美尼亞語突厥語蒙古語作 Tadjik 或 Tazik 西利亞語作 Tayi 似不盡可恃。

（注二）嶺外代答卷三大食諸國條云「大食者諸國之總名也有國千餘所知名者特數國耳有麻離拔國廣州自中冬以後發船乘北風行約四十日到地名藍里博買蘇木白錫長白藤住至次冬再乘東北風六十日順風方到此國…」其後列入大食諸國者有麻嘉(Mekka)有白達(Bagdad)有吉慈尼(Ghazni)有眉路骨惇(Rum?)有勿斯離(Mosul)五國大食蓋爲諸國之總稱而本條雜採諸書文並益以新說則謂此大食爲麻離拔也可爲蜜徐籬(Misr)也可爲報達(Bagdad)亦無不可藍里即藍無里(Lamuri)本書有專條麻離拔亦作麻囉拔譯注考作 Mirbat 疑誤似爲 Malabar 之對音殆爲本書之南毗國也。

（注三）蜜徐籬譯注考作 Misr 之對音是也乃阿剌壁語埃及都城之稱本書有專條別名勿斯里者是也西使記作密乞兒元史本紀作米西兒郭侃傳作密昔兒明史作米昔兒又作密思兒今埃及都城名 Cairo 蓋從阿剌壁語 Misr al-Kahirah 名稱轉出前一字即蜜徐籬後一字本書勿斯里條作憇野此城建於九七三年。

（注四）譯注綠甘疑是阿剌壁語及波斯語 rukham 之對音此言大理石或白石膏石也。

（注五）此節疑出貢使口述爲 Cairo 爲 Bagdad 抑爲 Damascus 未能決也。

（注六）麻霞勿乃 Muhammad 之對音唐書大食傳作摩訶末參看本書白達(Bagdad)條。

（注七）此水疑指尼羅(Nile)河參看本書勿斯里條。

（注八）譯注此港得爲紅海之 Kolzum 亦得爲波斯灣中之 Ubullah 或 Basra 也。

（注九）譯注麻囉抹應是麻囉拔之別譯似爲阿剌壁 Hadramaut 沿岸之 Mirbat 施曷是 Shehr 亦在同一沿岸。馬可波羅書作 Esher 奴發是 Zufar 今 Dhofar 馬可波羅書作 Dufar 明史三二六名祖法兒亞四包閑是 Ispahan 或 Isfahan 元史名亦思法杭囉施美是 Khwarizm 西域記名貨利習彌迦新唐書二二一下作火尋一日過利木俱蘭是 Makran 伽力吉是 Kalhat 馬可波羅書作 Calatu 曾隸屬忽魯模斯(Hormuz)國王毗喏耶乃阿剌壁語 Ifrikya 之對音以稱非洲北部 Tunis, Tripoli 兩地伊祿疑指 Irak 白達是 Bagdad 本書有專條思蓮疑指波斯灣中之 Siraf 九十世紀間阿剌壁船舶與中國印度通航之要港也然亦得爲 Shiraz 白蓮是波斯灣中之 Bahrein 島積吉得爲 Makran 沿岸之 Tiz 中世紀之大商港也甘眉得爲 Comoro 島蒲花羅是 Bokhara 層拔是 Zanzibar 本書有專條弼琶囉指 Berbera 沿岸本書有專條勿拔得爲波斯灣中之 Sohar 本書有專條瓮篱應是甕蠻之訛本書有專條今 Oman 是也記施是波斯灣中之 Kish 島麻嘉是 Mekka 本書有專條弼斯羅是 Basra 本書有專條吉甆尼是 Ghazni 本書有吉慈尼條。勿斯離得爲 Misr 亦得爲 Mosul 本書並有專條。——以上所考如毗喏耶伊祿思蓮白蓮積吉甘眉勿拔等國似不無附會之處與其謂 Mirbat 爲麻囉抹不如以對勿拔奴發如爲祖法兒尙有星槎勝覽之佐法兒亦思法杭明史作亦思弗罕又作伊思把罕囉施美如爲 Khwarizm 則應有脫文元史作花剌子模白達唐書地理志作縛達西使記作報達元史作八哈塔又作八吉打 Bahrein 元史作八哈剌因本條後番商名施那幃即 Siraf 之對音大食人以地名蓋爲常例蒲花羅西域記作捕喝新唐書曰安國一曰布豁元史有蒲華不花剌等譯名明史作卜花兒記施元史作怯失吉慈尼西域記作鶴悉那元史作哥疾寧勿斯离如爲 Mosul 島夷志略作麻阿斯離元史作毛夕里蓋其原名對音作 Mawsil 也參看西域地名各條

（注一〇）以上本新舊唐書大食傳白衣大食指 Omayyad 朝黑衣大食指 Abbasides 朝末換是 Merwan II 被殺於七五〇年阿婆羅拔新舊唐書作阿蒲羅拔是黑衣大食朝開葉主 Abul' l-Abbas 都亞俱羅(Akula)即元史之苦法(Kufa)參看通典一九三大食條引杜環經行記

（注一一）宋史本紀卷二乾德四年（九六六）三月僧行勤等一百五十七人各賜錢三萬遊西域

（注一二）宋史四九〇大食傳「開寶元年（九六八）遣使來朝貢四年（九七一）又貢方物以其使李訶末爲懷化將軍特以金花五色綾紙寫官誥以賜是年本國及占城(Campa)闍婆(Java)又致禮物于李煜煜不敢受遣使來上因詔至今無以爲獻六年（九七三）遣使來貢方物七年（九七四）國王訶黎佛(caliph)又遣使不囉海(Abraham?)九年（九七六）又遣使蒲希密皆以方物來貢太平興國二年（九七七）遣使蒲思那副使摩訶末(Muhammad)判官蒲囉等貢方物其從者目深體黑謂之崑崙奴……四年（九七九）復有朝貢使至雍熙元年（九八四）國人花茶來獻……」

（注一三）宋史四九〇大食傳「淳化四年（九九三）又遣其副酋長李亞勿來貢舶主蒲希密（Abu Hamid?）至海南以老病不能詣闕乃以方物附亞勿來獻……太宗因問其國對云與大秦國相鄰爲其統屬今本國所管之民纔及數千有都城介山海間又問其山澤所出對云惟犀象香藥問犀象以何法可取對云象用象媒誘至漸以大繩羈縻之耳犀則使人升大樹操弓矢伺其至射而殺之其小者不用弓矢可以捕獲……」

（注一四）宋史四九〇大食傳雍熙三年（九八六）又與賓同隴（Pāṇḍuraṅga）國使來朝咸平二年（九九九）又遣判官文戊（Mas'ud）至三年（一〇〇〇）舶主陁婆離（Tabari?）遣穆吉鼻（Muzaffar?）來貢……六年（一〇〇三）又遣使婆羅欽三摩尼等來貢方物……景德元年（一〇〇四）又遣使來時與三佛齊（Srīvi-jaya）蒲端（通考三二九亦作端疑爲甘之訛）國使並在京師……其秋蕃客蒲加心至四年（一〇〇七）又遣使同占城使來……大中祥符元年（一〇〇八）十月車駕東封舶主陁婆離上言願執方物赴泰山從之又舶主李亞勿遣使麻勿（Mahmud）來獻四年（一〇一一）祀汾陰又遣歸德將軍陁婆離進缻香……五年（一〇一二）廣州言大食國人無西忽盧華百三十歲……天禧三年（一〇一九）遣使蒲麻勿（Abu Mahmud?）陁婆離副使蒲加心等來貢」

（注一五）宋史本紀卷十七元祐四年（一〇八九）夏國邈黎大食麻囉拔國入貢譯注以此邈黎對新唐書地理志之沒來而考訂其爲 Kulam-Malé 則應爲嶺外代荅之故臨矣然宋史四八九邈黎傳有賚于闐國王並本國王表章來語此國似在中亞。

（注一六）桯史卷十一云「泉亦有舶獠曰尸羅圍貲乙於蒲」。此尸羅圍與本條之施那幃。應是同名異譯。蓋此二人皆Siraf 城人。原名應作 Silavi。參看桑原隲藏蒲壽庚考馮攸譯本題中國阿剌伯海上交通史一八七至一八九頁。

（注一七）林之奇字少穎。福建侯官人。曾提舉閩舶。淳熙三年（一一七六）卒。年六十有五。有道山記聞等書行世。宋史四三三有傳。譯注誤卷數為三三四。

麻嘉國

麻嘉國。（注一）自麻囉拔國西去。陸行八十餘程方到。乃佛麻霞勿（注二）所生之處。佛居用五色玉甃成。每歲遇佛忌辰。大食諸國皆至瞻禮。爭持金銀珍寶以施。仍用錦綺覆其居。（注三）後有佛墓。（注四）晝夜常有霞光。人莫能近。過則合眼。若人臨命終時。摸取墓上土塗胸。云可乘佛力超生。

（注一）今 Mekka。嶺外代荅作麻嘉。西使記作天房。島夷志略作天堂。瀛涯勝覽作天方。亦作默伽——本條蓋本嶺外代荅卷三大食諸國條。惟微加刪節而已。原文云「有麻嘉國。自麻離拔國西去。陸行八十餘程乃到。此是佛麻霞勿出世之處。有佛所居方丈。以五色玉結甃成牆屋。每歲遇佛忌辰。大食諸國王皆遣人持寶貝金銀施捨。以錦綺蓋其方丈。每年諸國前來就方丈禮拜。并他國官豪不拘萬里。皆至瞻禮。方丈後有佛墓。日夜常見霞光。人近不得。往往皆合眼走過。若人臨命終時。取墓上土塗胸。即乘佛力超生云」

（注二）麻霞勿乃 Muhammad 之對音新舊唐書大食傳作摩訶末瀛涯勝覽天方條作馬哈嘛西洋朝貢典錄卷下作謨罕驀德。

（注三）本條所謂佛居。即嶺外代答之佛所居方丈。亦即瀛涯勝覽天方條之愷阿白（Ka'aba）可參看瀛涯勝覽天方條。

（注四）麻霞勿墓在 Medina 城。新舊唐書大食傳作摩地那瀛涯勝覽天方條作驀底納。［又往西行一日。到一城名驀底納。其馬哈嘛聖人陵寢正在城內。至今墓頂毫光日夜侵雲而起］本條所言之佛墓蓋為默伽城愷阿白堂左司馬儀（Ismaël）之墓。誤與麻霞勿墓合而為一。參看瀛涯勝覽天方條。

層拔國

層拔國（注一）在胡茶辣國南海島中。西接大山。（注二）其人民皆大食種落。遵大食教。度纏青番布。躡紅皮鞋。日食飯麵燒餅羊肉。鄉村山林多障岫層疊。地氣暖無寒。產象牙生金龍涎黃檀香。每歲胡茶辣國及大食邊海等處發船販易。以白布甆器（注三）赤銅紅吉貝為貨。（注四）

（注一）昔大食人名非洲東岸之地曰僧祇拔兒（Zangibar）今尚有一小部分地存其舊名。即今地圖名 Zanzibar 者是已。僧祇拔兒猶言黑人之地。諸史中之僧祇奴。殆為此地土人。嶺外代答卷三有崑崙層期國。層期應是僧祇之別譯。本書作層拔。應亦是 Zangibar 之簡稱。文獻通攷三三二。宋史四九〇有層檀。殆為層拔之訛。島夷志略行層搖羅。搖亦應作拔也。

（注二）譯注此大山得爲 Kilimanjaro 山

（注三）譯注據 S. M. Bushell (North China Daily News, May 9, 1888.) 說「Sir John Kirk 爲 Zanzibar 總領事時曾收藏有中國古青花甕器……並發現有宋代中國銅錢」足證此地昔與中國通貿易——鄭和下西洋必齎有青花甕器與諸國交易可參看瀛涯勝覽星槎勝覽

（注四）宋史四九〇層檀傳云「層檀國在南海傍城距海二十里熙寧四年（一〇七一）始入貢海道使風行百六十日經勿巡古林三佛齊國乃至廣州其王名亞美羅亞眉闌傳國五百年十世矣人語音如大食地春冬暖貴人以越布纏頭服花錦白氎布出入乘象馬有奉祿其法輕罪杖重罪死穀有稻粟麥食有魚畜有綿羊山羊沙牛水牛橐駝馬犀象藥有木香血竭沒藥鵬砂阿魏薰陸產眞珠玻璃密沙華三酒交易用錢官自鑄三分其齊金銅相半而銀居一分禁民私鑄元豐六年（一〇八三）使保順郎將層伽尼再至神宗念其絕遠詔頒賚如故事仍加賜白金二千兩」譯注以勿巡在 Maskat 附近以古林當 Quilon 卽本書南毗條之故臨以三佛齊當 Palembang 卽本書三佛齊條之巴林馮亞美羅亞眉闌波斯語 amir-i-amirān 之對音乃官號而非王名波斯語名蒲萄酒曰 mei 殆爲密字之對音波斯語及阿剌壁語名果酒曰 sharab 殆爲沙字之對音——文獻通攷層檀傳文與宋史同——嶺外代答崑崙層期條之文本書別爲一條層拔條未採錄其文曰「西南海上有崑崙層期國連接大海島常有大鵬飛蔽日移晷有野駱駝大鵬遇則吞之或拾鵬翅截其管堪作水桶又有駱駝鶴身頂長六七尺有翼能飛但不高耳食雜物炎火或燒赤熱銅鐵與之食及產大象牙犀角又海島多野人身如黑漆拳髮誘以食而擒之動以千萬賣

爲蕃奴。」

弼琶囉國

弼琶囉國。(注一)有四州。(注二)餘皆村落。各以豪強相尚。事天不事佛。土多駱駝綿羊。以駱駝肉幷乳及燒餅爲常饌。產龍涎大象牙及大犀角。象牙有重百餘斤。犀角重十餘斤。亦多木香蘇合香油沒藥瑇瑁至厚。他國悉就販焉。又產物名駱駝鶴。(注三)身頂長六七尺。有翼能飛。但不甚高。獸名徂蠟。(注四)狀如駱駝而大如牛。色黃。前脚高五尺。後低三尺。頭高向上。皮厚一寸。又有騾子。(注五)紅白黑三色相間紋如經帶。皆山野之獸。往往駱駝之別種也。國人好獵。時以藥箭取之。

(注一)譯注。弼琶囉乃 Berbera 之對音。今非洲 Somali 沿岸之地也。中國載籍最古譯名似爲撥拔力。酉陽雜俎卷四云「撥拔力國在西南海中。不食五穀。食肉而已。常針牛畜脈取血和乳生食。無衣服。唯腰下用羊皮掩之。其婦人潔白端正。國人自掠賣與外國商人。其價數倍。土地唯有象牙及阿末香。波斯商人欲入此國。團集數千齎綵布。沒老幼共刺血立誓。乃市其物。自古不屬外國。戰用象牙排野牛角爲矟。衣甲弓矢之器。步兵二十萬。大食頻討襲之。」阿末卽阿剌壁語之 anbar。本條之龍涎香也。——新唐書二二一下大食傳曾引此文。續博物志卷十亦著錄有撥拔力國名。參看本條注四。

諸蕃志 卷上 五八

（注二）譯注此四州得爲弼琶囉(Berbera)本土中世紀著述作 Barbara 次爲 Zeila 大食人 Ibn Batuta 行記謂此地爲都城次爲木骨都束(Mogadoxo)次爲卜剌哇 (Brawa) 上引行記（第二册一八〇頁）謂弼琶囉境自 Zeila 延至木骨都束——木骨都束卜剌哇並見星槎勝覽明史卜作不

（注三）譯注駱駝鶴條本嶺外代答卷三崑崙層期條後漢書一一八安息 (Parthia) 傳名安息雀新唐書二二一下吐火羅 (Tukhara) 傳名駝鳥波斯語名 ushturmurgh 阿剌壁語名 teir al-djamal 此言駱駝鳥嶺外代答駱駝鶴譯名疑本此——前漢書九六上安息傳名大馬爵師古注引廣志「大爵頸及膺身蹄似橐駝色蒼舉頭高八九尺張翅丈餘食大麥」

（注四）譯注按 girafe 波斯語名 zurnapa 阿剌壁語名 zarafa——瀛涯勝覽阿丹(Aden)條名麒麟蓋 Somali 語 giri 之對音星槎勝覽天方 (Mekka) 條名祖剌法則爲此徂蠟之同名異譯並本阿剌壁語參看西域南海史地考證譯叢續編一二七至一三一頁最古之著錄見續博物志卷十「撥拔力國有異獸名駝牛皮似豹蹄類牛無峯項長九尺身高一丈餘」此經伯希和檢出

（注五）按卽斑馬(zebra)瀛涯勝覽阿丹條名福鹿星槎勝覽阿丹條名黑白花驢又卜剌哇條名花福祿福鹿福祿亦是 Somali 語 faro 之對音參看西域南海史地考證譯叢續編一二八頁

勿拔國

勿拔國（注一）邊海。有陸道可到大食。王紫棠色。纏頭衣衫。遵大食教度爲事。（注二）

（注一）譯注以此勿拔對唐書地理志引賈耽皇華四達記之烏剌而位之於 Sohar。似甚牽合。按烏剌應是波斯灣中之 Ubullah。此勿拔疑是 Mirbat。即今地圖著錄之 Merbat 或 Morbat。而經譯注誤以爲麻囉拔之對音者也。

（注二）此條疑有脫文。

中理國

中理國（注一）人露頭跣足。纏布不敢著衫。惟宰相及王之左右乃著衫纏頭以別。王居用磚甓甃砌。民屋用葵茆苫蓋。日食燒麵餅羊乳駱駝乳。牛羊駱駝甚多。大食惟此國出乳香。人多妖術。能變身作禽獸。或水族形。驚眩愚俗。番舶轉販。或有怨隙。作法咀之。其船進退不可知。與勸解方爲釋放。其國禁之甚嚴。（注二）每歲有飛禽泊郊外。不計其數。日出則絕不見其影。國人張羅取食之。其味極佳。惟暮春有之。交夏而絕。至來歲復然。國人死。棺殮畢欲殯。凡遠近親戚慰問。各舞劍而入。噉問孝主死故。若人殺死。我等當刃殺之報仇。孝主答以非人殺之。自係天命。乃投劍慟哭。每歲常有大魚死。飄近岸。身長十餘丈。徑高二丈餘。國人不食其肉。惟刳取腦髓及眼睛為油。多者至三百餘墱。和灰修舶船。或用點燈。民之貧者取其肋骨作屋桁。脊骨作門扇。截其骨節為臼。國有山與弼琶囉國隔界（注三）周圍四千里。大半無人煙。山出血碣蘆薈。水出瑇瑁龍涎（注四）其龍涎不知所出。忽見成塊。或三五斤。或十斤。飄泊岸下。土人競分之。或船在海中驀見採得。

（注一）譯注中理國名僅見本書著錄。應指 Somali 沿岸並包括 Socotra 島而言。其名未經考訂。疑出僧祇。蓋據弼琶囉條注二引 Ibn Batuta 書僧祇之地北起 Zeila 南抵木骨都束(Mogadoxo)也。中理王都殆在木骨都束。

（注二）馬可波羅書第一八四章記 Socotra 島之文有云「並應知者。世界最良之巫師即在此島。大主教固盡其所能。禁止此輩作術。然此輩輒言祖宗業已如此。我輩特效祖宗所為耳。此輩巫術。請言一事以例之。如有船舶乘順風張帆而行者。此輩能呪起逆風。使船舶退後。彼等呪起風雲惟意所欲。可使天氣晴和。亦可使風暴大起。尚有其他巫術。不宜在本書著錄也」參看拙譯本下册七四〇至七四四頁。

（注三）觀此文足證中理與弼琶囉連界。復證以此國出產之物。又知其包括 Socotra 島而言。

（注四）馬可波羅書謂此 Socotra 島出龍涎。譯注引 Periplus 書(第三十條)及 Theo. Bent. (Southern Arabia, 378-379, 388.)書謂此島產血竭(Dracaenia cinnabari)皆與本書合。星槎勝覽木骨都束條謂操

兵習射。俗尚囂强。腰圍稍布。地產乳香。海內產龍涎香云云。亦可參證譯注王都在木骨都束一說也。

甕蠻國

甕蠻國。（注一）人物如勿拔國。地主纏頭繳縵不衣。跣足。奴僕則露首跣足。繳縵蔽體。食燒麵餅羊肉并乳魚菜。土產千年棗甚多。沿海出眞珠。山畜牧馬極蕃庶。他國貿販惟買馬與眞珠及千年棗。用丁香荳蔻腦子等爲貨。

（注一）甕蠻在大食條諸屬國名中誤作甕篱。譯注考作 Oman 是也。下文云人物如勿拔國。此勿拔國本書有專條。殆指今之 Merbat。譯注以當 Sohar。疑誤。

記施國

記施國。（注一）在海嶼中。望見大食。半日可到。管州不多。王出入騎馬。張皂傘。從者百餘人。國人白淨。身長八尺。披髮打纏。纏長八尺。半纏於頭。半垂於背。衣番衫。繳縵布。躡紅皮鞋。用金銀錢。食麵餅羊魚千年棗。不食米飯。土產眞珠。好馬。大食歲遣駱駞負薔薇水。梔子花。水銀。白銅。生銀。硃砂。紫草。細布等下船至本國。販於他國。（注二）

（注一）譯注記施今 Kish 島十二世紀中泄剌失（Shiraz）港衰敗後此島成爲波斯灣貿易之中心今距岸九海里古貿易港在島北元史西北地附錄名此島曰怯失

（注二）譯注引諸書證明此島貿易之物有薔薇水馬匹水銀紫草乳香沒藥此島海盜常掠僧祇人爲奴婢轉售他國

白達國

白達國（注一）係大食諸國之一都會自麻囉拔國約陸行一百三十餘程過五十餘州乃到國極强大軍馬器甲甚盛王乃佛麻霞勿直下子孫相襲傳位至今二十九代（注二）經六七百年大食諸國或用兵相侵皆不敢犯其境王出張皂蓋金柄其頂有玉師子背負一大金月閃耀如星雖遠可見城市衢陌民居豪侈多寶物珍段少米魚菜人食餅肉酥酪產金銀碾花上等琉璃白越諾布蘇合油國人相尙以好雪布纏頭及爲衣服七日一次削髮剪爪甲一日五次禮拜天遵大食教度以佛之子孫故諸國歸敬焉

（注一）白達今 Bagdad 唐書地理志引賈耽皇華四達記作縛達西使記作報達元朝祕史作巴黑塔惕元史憲宗本紀作八哈塔又西北地附錄作八吉打黑衣大食之都城也—嶺外代答卷三大食諸國條云「有白達國依大食諸國之京師也其國王則佛麻霞勿之子孫也大食諸國用兵相侵不敢犯其境以故其國富盛王出張皁蓋金柄其頂有玉

獅子背負一大金月耀人目如星遠可見也城市衢陌居民豪侈多寶物珍段皆食餅肉酥酪少魚菜米産金銀礦花上等琉璃白越諾布蘇合油國人皆相尙以好雪布纏頭所謂軟琉璃者國所産也」

（注二）二十九代應指黑衣大食朝第二十九哈里發 Mustarshid 譯注未見本書寶慶元年（一二二五）序誤以此二十九代爲世系乃上溯麻霞勿(Muhammad)前五代下迄後二十三代斷定本書撰於黑衣大食第三十七哈里發 Musta'sim 在位時實言之一二四二至一二五八年間宋淳祐寶祐時

弼斯囉國

弼斯囉國（注一）地主出入騎從千餘人盡帶鐵甲將官帶連環鎖子甲聽白達節制人食燒麵餅羊肉天時寒暑稍正但無朔望産駱駝綿羊千年棗每歲記施甕蠻國常至其國般販

（注一）新唐書地理志引賈耽皇華四達記云「又西行一日至烏剌國(Ubullah)乃大食國之弗利剌河(Euphrates)南入於海小舟泝流二日至末羅國(Basra)大食重鎭也又西北陸行千里至茂門王所都縛達城(Bagdad)」是爲 Basra 古港名見中國載籍之始卽此弼斯囉也古港闢於六三八年不在今港位置之處今 Zabayr 村卽古港之遺址烏剌港有運河通弼斯囉參看桑原隲藏唐宋貿易港研究楊鍊譯本二二至三〇頁

吉慈尼國

吉慈尼國（注一）自麻羅拔國約一百二十程可到。地近西北。極寒。冬雪至春不消。國有大山圍遶。鑿山爲城。方二百餘里。外環以水。有禮拜堂二百餘。官民皆赴堂禮拜。謂之廚原注或作除・幰（注二）民多豪富。居樓閣。至有五七層者。多畜牧駞馬。人食餅肉乳酪。少魚米。或欲飲。飯以牛湩拌水飲之。王手臂過膝。有戰馬百匹。各高六尺餘。騾數十匹。亦高三尺。出則更迭乘之。所射弓數石。五七人力不能挽。馬上使鐵鎚。重五十餘斤。大食及西天諸國。皆畏焉。土產金銀。越諾布。金絲錦。五色駞毛段。碙花。琉璃。蘇合油。無名異。摩娑石。（注三）

（注一）吉慈尼本書大食條作吉甆尼。應指 Ghaznī 城。十二世紀時有著名王朝曾定都此城而得名。最古之著錄似見西域記卷十二其漕矩吒（Jaguda）條云「國大都城號鶴悉那。周三十餘里」。酉陽雜俎卷十八云阿魏出伽闍那國。卽北天竺也」。皆爲吉慈尼之同名異譯。嶺外代答卷三大食諸國條始作吉慈尼。蓋爲本書之所本。元史西北地附錄作哥疾寧。本書所誌里程多不可恃。嶺外代答僅言自麻離拔國（Malabar）西去陸行八十餘程乃到麻嘉（Mekka）。至若自麻囉拔國（Malabar）約陸行一百三十餘程乃到白達（Bagdad）。自麻羅拔國約一百二十程可到吉慈尼等語。皆本書新增文。譯注誤以 Mirbat 當麻囉拔。蓋本此。——嶺外代答卷三吉慈尼條原文云「有吉慈尼國。皆大山圍繞。鑿山爲城。方二百里。環以大水。其國有禮拜堂百餘所。內一所方十里。國人七日一赴堂禮拜。謂之除（或作廚）幭。其國產金銀。越諾布。金絲錦。五色駞毛段。碙花。琉璃。蘇合油。無名異。摩娑石。人食餅肉乳酪。少魚米。民多豪富。居樓閣有五七層者。多畜牧駞馬。地極寒。自秋至春雪不消。蓋近西北故也。」

（注二）譯注阿剌壁語稱每金曜日赴禮拜堂會禱曰 jum'ah。應爲此廚幭之對音。

（注三）無名異摩娑石並見本書蘆眉（Rum）條。開寶本草云「無名異出大食國。生於石上。狀如黑石炭。番人以油鍊如黳石。嚼之如餳」蓋爲褐鐵類之酸化鐵也。摩娑石一作婆娑石。開寶本草云「婆娑石生南海。胡人采得之。其石綠色無斑點。有金星。磨成乳汁者爲上。又有豆斑石。雖亦解毒而功力不及。復有鄂綠有文理。磨鐵成銅色。人多以此爲之。非眞也。驗法以水磨點鷄冠熱血。當化成水是也」又圖經本草云「胡人尤珍貴之。以金裝飾。作指彄帶之。每欲食及食罷。輒含吮數次。以防毒。今人有得指面許塊。則價值百金也」譯注考作 bezoar。則爲動物結石。輟耕錄所誌之鮓答（jada）是已。本草綱目鮓答條云「鮓答生走獸及牛馬諸畜肝膽之間。有肉囊裹之。多至升許。大者如鷄子。小者如栗如榛。其狀白色。似石非石。似骨非骨。打破層疊。嘉靖庚子年蘄州侯屠殺一黃牛得此物。人無識者。有番僧云此至寶也。牛馬諸畜皆有之。可以祈雨。西域有密呪。則霖雨立至。不知呪者。但以水浸搬弄。亦能雨。後攷陶九成輟耕錄所載鮓答。即此物也。其言曰。蒙古人禱雨。惟以淨水一盆浸石子數枚。淘漉玩弄。密持呪語。良久輒雨。石子名鮓答。大者如鷄卵。小者不等。乃走獸腹中所產。獨牛馬者最妙。蓋牛黃狗寶之類也。又按京房易占云。兵强主武。則牛腹生石。據此則鮓答狗寶同一類也。但生於狗腹者爲狗寶耳」觀此與摩娑石似非一物。

勿斯離國

勿斯離國。（注一）其地多石山。秋露沆瀣。日曬即凝。狀如糖霜。採而食之。清涼甘腴。蓋眞甘露也。山有天生樹。一歲生栗。名蒲盧。次歲生沒石子。（注二）地產火浣布。（注三）珊瑚。

（注一）勿廝離。即阿剌壁語 Mawṣil 之對音。今 Mosul。酉陽雜俎續集卷十作勿斯離。島夷志略作麻呵斯離。元史西北地附錄作毛夕里。——嶺外代答卷三大食諸國條云「有勿斯離國。其地多名山。秋露既降。日出照之。凝如糖霜。採而食之。清涼甘腴。此眞甘露也。山有天生樹。一歲生栗。次歲生沒石子。地產火浣布珊瑚。」

（注二）沒石子一作無食子。本書卷下有專條。酉陽雜俎卷十八云「無石子出波斯國。波斯呼為摩賊樹。長六七丈。圍八九尺。葉似桃葉而長。三月開花。白色。花心微紅。子圓如彈丸。初青。熟乃黃白。蟲食成孔者正熟。皮無孔者入藥用。其樹一年生無石子。一年生跋屢子。大如指。長三寸。上有殼。中仁如栗黃。可噉。」譯注考訂跋屢為 balūṭ 之對音。而卷下沒石子條沙沒律之對音應是 šah-balūṭ。即 oak-galls 是也。——沒石子學名是 Quercus infectoria。並參看 Sino-Iranica 三六七至三六九頁。

（注三）譯注。火浣布首見後漢書一一六西南夷傳。其名曰火毳。

盧眉國

蘆眉國自麻囉拔西陸行三百餘程始到亦名眉路骨國（注一）其城屈曲七重用黑光大石甃就每城相去千步有番塔三百餘內一塔高八十丈容四馬並驅而上內有三百六十房人皆纏頭塌頂以色毛段爲衣以肉麵爲食以金銀爲錢有四萬戶織錦爲業地產絞綃金字越諾布間金間絲織錦綺摩娑石無名異（注二）薔薇水梔子花蘇合油鵬砂及上等碾花琉璃人家好畜馳馬犬

（注一）譯注蘆眉疑爲 Rūm 之對音蓋阿剌壁人輿記以名小亞細亞「希臘人地域」之稱也據此考之所言者應是一〇七七年至一二五七年間 Seldjuk 朝之國而所誌之城應爲 Kūniyah (Iconium, Konieh) 然觀其所記塔高八十丈內有三百六十房等語似指 Damascus 之 Djami 禮拜堂而且當時 Damascus 織錦之業甚盛似又指 Damascus 城矣眉路骨嶺外代答卷三大食諸國條作眉路骨惇此眉路骨惇似爲阿剌壁語 malhidūn 之對音此言「異教人」疑以此國事告周去非之阿剌壁人所言之蘆眉爲孔士坦丁堡並及羅馬都城「七重之城」似喻羅馬七陵後此斯加里野 (Sicily) 條謂「斯加里野國近蘆眉國界」尤足以證之則又可謂蘆眉爲羅馬矣絞綃疑指 byssus 以 pinna squamosa 之線織成蓋爲地中海一帶出品而在 Smyrna 附近尤爲發達云——嶺外代答卷三大食諸國條云「有眉路骨惇國居七重之城自上古用黑光大石疊就每城相去千步有蕃塔三百餘內一塔高八十丈內有三百六十房人皆纏頭搭項寒即以色毛段爲衣以肉麵爲食以金銀爲錢所謂絞綃薔薇水梔子花摩娑石硼砂皆其所產也」

（注二）參看吉慈尼條注三。

木蘭皮國

木蘭皮國（注一）大食國西有巨海。海之西有國不可勝數。大食巨艦所可至者木蘭皮國爾。自大食之陁盤地國（注二）發舟正西涉海百餘日方至其國。一舟可容數千人。舟中有酒食肆機杼之屬。言舟之大者莫木蘭皮若也。（注三）國之所產極異。麥粒長三寸。瓜圍六尺。可食二三十人。榴重五斤。桃重二斤。香圓重二十餘斤。萵苣菜每莖可重十餘斤。其葉長三四尺。米麥開地窖藏之。數十年不壞。產胡羊高數尺。尾大如扇。春剖腹取脂數十斤。再縫合而活。不取則發臕脹死。陸行二百程。日晷長三時。秋月西風（注四）忽起。人獸速就水飲乃生。稍遲則渴死。

（注一）譯注本條亦本嶺外代答卷三木蘭皮條。原文云「大食國西有巨海。海之西有國不可勝計。大食巨艦所可至者木蘭皮國爾。蓋自大食之陁盤地國發舟正西涉海一百日而至之。一舟容數千人。舟中有酒食肆機杼之屬。言舟之大者莫木蘭若也。今人謂木蘭舟得非言其莫大者乎。木蘭皮國所產極異。麥粒長二寸。瓜圍六尺。米麥窖地數十年不壞。產胡羊高數尺。尾大如扇。春剖腹取脂數十斤。再縫而活。不取則羊以肥死。其國相傳又陸行二百程日晷長三時。秋月西風起。人獸速就水飲乃生。稍遲以渴死」。按此木蘭皮應指十一世紀後葉至十二世紀中葉君臨非洲北部

al-Maghreb 與西班牙南部之 al-Murabiṭūn 王朝，諸史作 Almoravide 者是已。

（注二）譯注阤盤地殆爲阿剌壁人之 Dimiāṭh，今 Damietta 港，此港在十二世紀時與 Alexandria 並爲最大海港。

（注三）嶺外代答卷六木蘭舟條云「浮南海而南，舟如巨室，帆若垂天之雲，柂長數丈，一舟數百人，中積一年糧，豢豕釀酒，其中置死生於度外，徑入阻碧，非復人世，人在其中，日擊牲酣飲，迭爲賓主，以忘其危。舟師以海上隱隱有山，辨諸蕃國皆在空端，若曰往某國，順風幾日，望某山，舟當轉行某方，或遇急風，雖未足日，已見某山，亦當改方，苟舟行太過，無方可返，飄至淺處而遇暗石，則當瓦解矣。蓋其舟大載重，不憂巨浪，而憂淺水也。又大食國更越西海，至木蘭皮國，則其舟又加大矣，一舟容千人，舟上有機杼市井，或不遇便風，則數年而後達，非甚巨舟不可至也。今世所謂木蘭舟，未必不以至大言也」。

（注四）譯注據中世紀阿剌壁人地誌行記之說，北方乾旱之地，日晷長六小時，西風應是阿剌壁語 samūn (simoon) 之對音，蓋撒哈剌沙漠中之熱風也。

勿斯里國

勿斯里國（注一）屬白達國節制。國王白皙，打纏頭，著番衫，穿皁靴。出入乘馬，前有看馬三百匹，鞍轡盡飾以金寶；有虎十頭，縻以鐵索，伏虎者百人；弄鐵索者五十人；持擂捧者一百人；臂鷹者三十人。又千騎圍護，有親奴三百，各帶甲持劍。二人持御器械，導王前，其後有百騎鳴鼓，儀從甚都。國人惟食餅肉不食飯其國多旱管下一十六州周回六十餘程有雨則人民耕種反爲之漂壞有江水極淸甘莫知水源所出歲旱諸國江水皆消減惟此水如常田疇充足農民藉以耕種歲率如此人至有七八十歲不識雨者（注二）舊傳蒲囉吽第三代孫名十宿（注三）曾據此國爲其無雨恐有旱乾之患遂於近江擇地置三百六十鄉村村皆種麥遞年供國人日食每村供一日三百六十村可足一年之食又有州名憩野（注四）傍近此江兩年或三年必有一老人自江水中出頭髮黑短鬚鬢皓白坐於水中石上惟現半身掬水洗面剔甲國人見之知其爲異近前拜問今歲人民吉凶如其人不語若笑則其年豐稔民無札瘥若蹙額則是年或次年必有凶歉疾疫坐良久復沒不見（注五）江中有水駱駝水馬（注六）時登岸齧草見人則沒入水

（注一）勿斯里本書大食條作蜜徐籬皆爲 Misr 之同名異譯阿剌壁語以名埃及與其都城之稱也參看本書大食條注三。

（注二）所言者殆爲尼羅(Nile)河參看本書大食條注七本文。

（注三）譯注十宿乃 Joseph 之對音相傳十宿是雅谷 (Jacob) 之子亦撒(Isaac)之孫蒲囉吽(Abraham)之曾孫故云第三代孫又據阿剌壁人傳說 Fayum 運河昔爲十宿開掘置三百六十鄉村之說殆本於此可參看 Maūdi 撰金珠原、第二編三六九頁。又三八四頁。三才圖會著錄有大食祖師蒲囉吽名見圖書集成邊裔典八六天方傳。

（注四）譯注憩野乃 al-Kahirah 之對音此言得勝城。今開羅(Cairo) 是已。九六九年 Fatimite 朝第一哈里發遣大將摩抴 (al-Mo'izz) 攻取埃及。九七三年建此城。參看本書大食條注三。

（注五）譯注。今所見阿剌璧撰述及西方撰述皆無此傳說。未詳其何所本。

（注六）譯注 Leo Africanus 非洲史第三編九四九頁。著錄有海馬與海牛。海馬卽此水馬。蓋河馬也。海牛卽此水駱駝殆指犀牛。

遏根陀國

遏根陀國。（注一）勿斯里之屬也。相傳古有異人徂葛尼。（注二）於瀕海建大塔。下鑿地爲兩屋。塼結甚密。一窖糧食。一儲器械。塔高二百丈。可通四馬齊驅而上。至三分之二。塔心開大井。結渠透大江。以防他國兵侵。則舉國據塔以拒敵。上下可容二萬人。內居守而外出戰。其頂上有鏡極大。他國或有兵船侵犯。鏡先照見。卽預備守禦之計。近年爲外國人投塔下。執役掃洒。數年人不疑之。忽一日得便盜鏡。拋沉海中而去。（注三）

（注一）譯注遏根陀顯爲 Iskanderiah 之對音指亞歷山大港(Alexandria)——古譯遏字皆對 ra 如今之 Tigris 中世波斯語作 Dakrat 隋書波斯傳作達曷水新唐書波斯傳作達遏水足證曷與遏通用參看西域地名九頁又五四頁此遏根陀如爲阿剌璧語亞歷山大港之對音遏字殆爲逝字之訛參看史地叢考八一至八二頁

（注二）譯注徂葛尼必爲 Dhu-l-karnein 之對音乃建置亞歷山大港之亞歷山大王（Alexander of Macedon）之阿剌璧語名

（注三）譯注 Masudi 金珠原第二編四三四至四三六頁誌有此事略謂白衣大食哈里發 Walid I 在位時（七〇五至七一五）東羅馬帝遣親信寺人某使埃及僞言犯死罪而來投告哈里發昔亞歷山大得珍寶窖而藏之上建一塔(Pharos)高約千肘置守者並一鏡於上以備敵侵哈里發命此寺人率士卒往毀塔與鏡亞歷山大等城居民知受紿時寺人已駕舟逃矣

海上雜國

晏陀蠻國（注一）自藍無里去細蘭國如風不順飄至一所地名晏陀蠻海中有一大嶼內有兩山一大一小其小山全無人煙其大山周圍七十里山中之人身如黑漆能生食人船人不敢艤岸山內無寸鐵皆以硨磲蚌殼磨銛爲刃上有聖跡渾金牀承一死人經代不朽常有巨蛇衛護蛇身毛長二尺

人不敢近、有井、每歲兩次水溢流入於海、所過砂石經此水浸皆成金、闔山人常祭此井、如銅鉛鐵錫用火燒紅。取此水沃之。輒變成金。舊傳曾有商船壞船。人扶竹木。隨流飄至此山。知有聖水。潛以竹筒盛滿。乘木筏隨浪飄漾至南毗國。以水獻南毗國王。試之果驗。南毗王遂興兵。謀奄有其山。船未至間。遭惡風飄。回船人漂至山。盡爲山蠻所食。蓋此山有金牀。異人密有神護。不令人近也。

（注一）晏陀蠻乃 Andaman 島。其名首見商人蘇黎滿 (Sulayman) 行記。其文云「此島(Nicobar)之後有二島。有海名 Andaman 界於其中。島民食人。卷髮黑身。面目可畏。足長有至一肘者。倮體無舟。脫有舟。將盡食鄰近之旅人矣。有時行舟遇逆風。水罄。登岸求水。輒爲居民所食。此島外有山。產銀。不在航道中。行舟不能自由艤岸。須見一山峯名 Khusnami 者。向峯行船。始能到達。昔有某舟行近島傍。曾見此峯。移舟近岸。翌晨登岸伐木燃火。銀礦忽鎔。舟人盡力運銀回舟。既登舟。海波忽起。震盪不能行。乃投銀入海。銀盡。欲復至此島。然不復識途。」此故事與本條所誌聖水故事相類。瀛涯勝覽錫蘭條名此山曰桉篤蠻。其文曰「自帽山南放洋。好風向東北行三日。見翠藍山在海中。其山三四座。惟一山最高大。番名桉篤蠻山。彼處之人巢居穴處。男女赤體。皆無寸絲。如獸畜之形。土不出米。惟食山芋。波羅蜜。芭蕉子之類。或海中捕魚鰕而食。人傳云若有寸布在身。卽生爛瘡。昔釋迦佛過海。於此處登岸。脫衣入水澡浴。彼人盜藏其衣。被釋迦呪訖。以此至今人不能穿衣。俗言出卵塢卽此地也。」翠藍山在桉篤蠻之南。瀛涯勝覽將此二羣島混而爲一。如混稱之事在唐代亦然。則可謂晏陀蠻之著錄。不始於諸蕃志。大唐西域求法高僧傳卷下義淨自述行程云「從羯荼北行十日餘至倮人國（Nicobar）向東望岸可一二里許但見椰子樹檳榔林森然可愛彼見舶至爭乘小艇有盈百數皆將椰子芭蕉及籐竹器來求市易其所愛者但唯鐵焉大如兩指得椰子或五或十丈夫悉皆露體婦女以片葉遮形商人戲授其衣卽便搖首不用傳聞斯國當蜀川西南界矣此國旣不出鐵亦寡金銀但食椰子藷根無多稻穀是以盧呵最爲珍貴（原注云此國名鐵爲盧呵）其人容色不黑量等中形巧織團籐箱餘處莫能及若不共交易便放毒箭一中之者無復再生」

崑崙層期國（注二）在西南海上連接大海島常有大鵬（注三）飛蔽日移晷有野駱駝大鵬遇則呑之或拾鵬翅截其管可作水桶土產大象牙犀角西有海島多野人身如黑漆虯髮誘以食而擒之轉賣與大食國爲奴獲價甚厚託以管鑰謂其無親屬之戀也

（注二）此條亦本嶺外代荅卷三原文見本書層拔條注四譯注其崑崙爲阿剌壁語 Kanbalu 之對音而以 Pemba 小島當此崑崙層期應誤層期與僧祇皆是 Zangi 之同名異譯應無疑義唐書宋史中之僧祇奴殆皆來自非洲東岸然不能確定爲何地也至若崑崙代表之名稱甚多此處崑崙疑對 Komr 是爲 Madagascar 島之土名則崑崙層期似言 Madagascar 島之僧祇可參看費瑯崑崙及南海古代航行考

（注三）大鵬島之故事屢見阿剌壁人民話如天方夜譚之類卽所謂 rukh 是也印度亦有此類故事梵語名大鵬曰迦樓茶（garuḍa）

沙華公國。（注四）其人多出大海劫奪得人縛而賣之闍婆。又東南有野島蠻賊居之號麻囉奴。（注五）商舶飄至其國羣起擒人以巨竹夾燒而食之其賊首鑽齒者以黃金裝飾取人腦蓋爲飲食器。其島愈深其賊愈甚。

（注四）此條之文全本嶺外代答卷三東南海上諸雜國條原文云「東南海上有沙華公國其人多出大海劫奪得人縛而賣之闍婆。又東南有近佛國多野島蠻賊居之號麻囉奴商舶飄至其國擒人以巨竹夾而燒食之賊首鑽齒陷以黃金以人頭爲食器其島愈深其賊愈甚」本條僅删數字所删之「近佛國」三字譯注疑爲「佛逝國」之訛佛逝乃室利佛逝之省稱說見本書三佛齊條注一沙華公舊無考應在南海羣島中爪哇史頌(Nagarakrtagama)列舉諸地名有 Sawaku 乃渤泥(Borneo)島東南 Sebuku 島之古名疑爲沙華公之對音闍婆今爪哇本書有專條。

（注五）爪哇史頌中有 Malano 殆爲本條之麻囉奴 Ferrand 撰大食波斯突厥文地誌行記六六二頁嘗持是說今渤泥島西北岸 Sarawak 區域中之 Balinean 也此島 Dayak 部落中有 Milanau 族其名疑出麻囉奴惟嶺外代答位置麻囉奴於沙華公之東南而此 Malano 則在 Sawaku 之西北第舊籍所誌番國方位多不可恃疑此國方位傳聞亦有誤也。

又東南有女人國。（注六）水常東流數年水一泛漲或流出蓮肉長尺餘桃核長二尺人得之則以獻

於女王昔常有舶舟飄落其國羣女攜以歸數日無不死有一智者夜盜船亡命得去遂傳其事其國女人遇南風盛發裸而感風卽生女也（注七）西海亦有女國（注八）其地五男三女以女爲國王婦人爲吏職男子爲軍士女子貴則多有侍男男子不得有侍女生子從母姓氣候多寒以射獵爲業出與大秦天竺博易其利數倍

（注六）女國傳說各地有之中國載籍著錄之東女國博物志卷二謂有一國純女無男其地在沃沮東大海中梁書五四東夷傳載齊永元元年（四九九）扶桑有沙門慧深來自荊州說云扶桑東千里有女國容貌端正色甚潔白身體有毛髮長委地至二三月競入水則妊娠六七月產子參看 G. Schlegel 中國史乘中未詳諸國考證卷三及卷二十

（注七）以上皆本嶺外代答卷三其文盡同惟改成生女也作卽生女也

（注八）中國載籍著錄之西女國似始見西域記十一波剌斯（波斯）條後「拂懍（拂菻）國西南海島有西女國皆是女人略無男子多諸珍寶貨附拂懍國故拂懍王歲遣丈夫配焉其俗產男皆不舉也」參看馬可波羅行記下册七三五至七三九頁

波斯國（注九）在西南海上其人肌理甚黑鬢髮皆虬以青花布纏身以兩金串鈐手無城郭其王早朝以虎皮蒙杌疊足坐羣下膜拜而退出則乘軟兜或騎象從者百餘人執劍呵護食餅肉飯盛以甆

器。掬而昭之。(注一〇)

(注九)中國載籍著錄之波斯。有西亞之波斯。有南海之波斯。本條波斯亦南海波斯也。B. Laufer (Sino-Iranica, pp. 468-487.) 曾博採中國載籍中記錄南海波斯之文。G. Ferrand 復從而考證之。以爲此南海之波斯。得爲緬甸之 Bassein。亦得爲蘇門答剌東北岸之 Pasè。且得爲渤泥 (Borneo) 爪哇 (Java) 彭家 (Banka) 等島之 Pasir。參看西域南海史地考證譯叢續編九一至一〇九頁。

(注一〇)此條亦本嶺外代答卷三波斯條。其原文云「西南海上波斯國。其人肌理甚黑。鬢髮皆拳。兩手釧以金串。纏身以青花布。無城郭。其王早朝以虎皮蒙杌。疊足坐。羣下禮拜。出則乘軟布兜。或騎象。從者百餘人。執劍呵護。食餅肉飯。盛以瓷器。掬而昭之。」

茶弼沙國。(注一一)城方一千餘里。王著戰袍。縛金帶。頂金冠。穿皁鞋。婦人著眞珠衫。土產金寶極多。人民住屋有七層。每一層乃一人家。其國光明。係太陽沒入之地。至晚日入。其聲極震。洪於雷霆。每於城門用千人吹角。鳴鑼。擊鼓。雜混日聲。不然則孕婦及小兒聞日聲驚死。

(注一一)譯注。此茶弼沙頗爲阿剌壁人故事相傳西方日沒之 Djabulsa, Djabirso, Djaborso。城三才圖會有茶弼沙人禮拜日沒之圖。——伯希和說。茶弼沙並見記古滇說。島夷志略卷末著錄。參看遠東法國學校校刊第九卷六六三頁。

斯加里野國(注一二)近蘆眉國界。海嶼闊一千里。衣服風俗語音與蘆眉同。本國有山穴至深。四季出火。遠望則朝煙暮火。近觀則火勢烈甚。國人相與扛舁大石重五百斤或一千斤抛擲穴中。須臾爆出。碎如浮石。每五年一次火從石出。流轉至海邊復囘。所過林木皆不燃燒。遇石則焚爇如灰。

(注一二)譯注阿剌壁人從希臘語名火山曰 'aṭmah 又稱 Etha 火山曰 Jebel-el-borkân 此言火焰山。諸蕃志此條殆爲首先著錄 Sicily 島及其火山之文。九世紀時此島爲阿剌壁人略據。十一世紀末葉雖經 Normans 人奪囘。然囘教勢力影響此島居民尚復甚重。本條之蘆眉得爲東羅馬帝國。亦得指羅馬也。

默伽獵國(注一三)王逐日誦經拜天。打纏頭。著毛段番衫。穿紅皮鞋。教度與大食國一同。王每出入乘馬。以大食佛經用一函乘在駱駝背前行。管下五百餘州。各有城市。有兵百萬。出入皆乘馬。人民食餅肉。有麥無米。牛羊駱駝菓實之屬甚多。海水深二十丈。產珊瑚樹。

(注一三)譯注。默伽獵乃阿剌壁語 Mogreb-el-aksa 之對音。此言西域。Morocco 國之原名也。——嶺外代答卷三航海外夷條云「若夫默伽國勿斯里國。其遠也不知其幾萬里矣」譯注因謂此默伽爲默伽獵之古譯。傳寫脫獵字。其說是也。至名 Mekka 曰默伽。似晚見於瀛涯勝覽。蓋譯名之偶合。不得謂嶺外代答有麻嘉默伽兩譯名也。

渤泥國

渤泥（注一）在泉之東南．去闍婆四十五日程．去三佛齊四十日程．去占城與麻逸各三十日程．（注二）皆以順風爲則．其國以板爲城．城中居民萬餘人．所統十四州．王居覆以貝多葉．（注三）民舍覆以草．王之服色略仿中國．若裸體跣足．則臂佩金圈．手帶金鍊．以布纏身．坐繩牀．出則施大布單坐其上．衆舁之．名曰軟囊．（注四）從者五百餘人．前持刀劍器械．後捧金盤．貯香腦檳榔等．從以戰船百餘隻．爲衛．戰鬬則持刀披甲．甲以銅鑄．狀若大筒．穿之於身．護其腹背．器皿多用金．地無麥．有麻稻．以沙糊爲糧．原注沙糊詳見黃麻駐（注五）又有羊及雞魚．無絲蠶．用吉貝花織成布．有尾巴樹．加蒙樹．（注六）椰子樹．以樹心取汁爲酒．富室之婦女皆以花錦銷金色帛纏腰．婚聘先以酒．檳榔次之．指環又次之．然後以吉貝布．或量出金銀成禮．喪葬有棺斂．以竹爲轝．載棄山中．二月始耕則祀之．凡七年則不復祀矣．以十二月七日爲歲節．地多熱．國人宴會．鳴鼓吹笛．擊鉢歌舞爲樂．無器皿．以竹編貝多葉爲器．食畢則棄之．其國鄰於底門國．（注七）有藥樹．取其根煎爲膏．服之．仍塗其體．兵刃所傷皆不死．土地所出．梅花腦．速腦．金脚腦．米腦．黃蠟．降眞香．瑇瑁．番商興販．用貨金．貨銀．假錦．建陽錦．五色絹．五色茸．琉璃珠．琉璃瓶子．白錫．烏鉛．網墜．牙臂環．臙脂．漆椀楪．青甆器等博易．番舶抵岸三日．其王與眷屬率大人（原注王之左右號曰大人）。到船問勞。船人用錦藉跳板迎肅。款以酒醴。用金銀器皿祿席涼傘等分獻有差。既泊舟登岸。皆未及博易之事。商賈日以中國飲食獻其王。故舟往佛泥必挾善庖者一二輩與俱。朔望並講賀禮。幾月餘方請其王與大人論定物價。價定然後鳴鼓以召遠近之人。聽其貿易。價未定而私貿易者罰。俗重商賈。有罪抵死者罰而不殺。船回日。其王亦釃酒椎牛祖席。酢以腦子番布等。稱其所施。舶舟雖貿易迄事。必候六月望日排辦佛節。然後出港。否則有風濤之厄。佛無他像。茅舍數層。規制如塔。下置小龕。罩珠二顆。是謂聖佛。（注八）土人云。二珠其初猶小。今漸大如拇指矣。遇佛節。其王親供花果者三日。國中男女皆至。太平興國二年。遣使蒲亞利等貢腦子瑇瑁象牙檀香。其表緘封數重。紙類木皮而薄。瑩滑色微綠。長數尺。博寸餘。卷之僅可盈握。其字細小。橫讀之。譯以華言云。渤泥國王向打稽首拜。皇命萬歲萬歲萬萬歲。又言每年修貢易飄泊占城。乞詔占城今後勿留館。其使於禮賓院優遣之。（注九）元豐五年。又遣使來貢。（注一〇）西龍宮什廟日麗胡蘆蔓頭蘇勿里馬膽逾馬喏居海島中。（注一一）用小船來往。服色飲食與渤泥同。出生香降真香黃蠟瑇瑁。商人以白瓷器酒米粗鹽白絹貨金易之。

（注一）譯注。渤泥今 Borneo。蠻書卷六作勃泥。文獻通攷三三二宋史四八九譯名同。—— Ferrand 參合本書譯名與阿剌壁語著錄之名考其對音疑是 Burni（大食波斯突厥文地誌行記六六一頁）又引爪哇史頌著錄名稱作 Burunen —— 島夷志略作浡泥。明史三二五亦作浡泥。又三二三婆羅傳云「婆羅又名文萊」案文萊應指 Brunei。則婆羅亦爲浡泥矣。然婆羅譯名首見唐書。今地無攷。明人用以比附浡泥。誤也。

（注二）譯注。本書闍婆條云「闍婆西北泛海十五日至渤泥國」而本條作四十五日程。兩者必有一誤。——麻逸見後條。文獻通攷三三二宋史四八九並作摩逸。

（注三）譯注貝多葉是 Palmyra palm 葉。此貝多葉殆指尾巴樹（Nipa palm）葉。

（注四）通攷宋史並作阮囊。疑誤。譯注謂其爲譯音。殆因阮囊二字不得其解。

（注五）沙糊見三佛齊條注六本條附注云「沙糊詳見黃麻駐」惟黃麻駐在今本中附見蘇吉丹條。同條有述沙糊文。殆原書黃麻駐別爲一條。傳抄者有所併合歟。

（注六）譯注尾巴樹見蘇吉丹條。加蒙樹顯爲 Gomuti palm。惟加蒙二字對音不知本於何種語言。

（注七）底門國本書蘇吉丹條作底勿。皆 Timor 之對音也。島夷志略作古里地悶。星槎勝覽作吉里地門。東西洋考作遲悶。一作池悶。

（注八）譯注。Pigafetta, First Voyage round the World by Magellan (Hakl. Soc, edit.) 117, 120. 云「Burné (Brunei) 國王有二珠。大如鷄卵。甚圓滑。置之平桌上。圓轉不止。」

（注九）宋史四八九勃泥傳云「太平興國二年（九七七）其王向打遣使施弩副使蒲亞里判官哥心等賚表貢大片龍腦一家底第二等八家底第三等十一家底米龍腦二十家底蒼龍腦二十家底凡一家底並二十兩龍腦版五玳瑁殼一百檀香三橛象牙六株表云為皇帝千萬歲壽望不責小國微薄之禮其表以數重小囊緘封之非中國紙類木皮而薄瑩滑色微綠長數尺闊寸餘橫卷之僅可盈握其字細小橫讀之以華言譯之云勃泥國王向打稽首拜皇帝萬歲萬歲萬萬歲願皇帝萬歲壽今遣使進貢向打聞有朝廷無路得到昨有商人蒲盧歇船泊水口差人迎到州言自中朝來比詣闍婆國遇猛風破其船不得去此時聞自中國來國人皆大喜即造舶船令蒲盧歇導達入朝貢每年修貢慮風吹至占城界望皇帝詔占城令有向打船到不要留臣本國別無異物乞皇帝勿怪其表文如是詔館其使於禮賓院優賜以遣之」

（注一〇）貢字下原闕一字——宋史四八九勃泥傳云「元豐五年（一〇八二）二月其王錫理麻喏（Sri Mahāraja）復遣使貢方物其使乞從泉州乘海舶歸國從之」

（注一一）譯注謂諸島疑在西利伯（Celebes）美洛居（Moluccas）羣島中其說或不誤然以西龍對 Serang 或 Ceram 日麗胡對 Gilolo 勿里馬對元史一六二之巫里謂似 Bali 膽逾對 Ternate 馬啫對 Mahano 且云臆為點斷未能必其是也此種考訂純出臆測未足為據案元史一六二史弼傳有沒理無巫里對音且與 Bali 未合餘名點斷亦誤或應作西龍宮什廟日麗胡盧蔓頭蘇勿里馬膽逾馬啫其中馬膽逾如是馬臘逾之訛可對 Malayu 居字如不屬下文則馬啫居可對美洛居（Moluku, Moluccas）也

麻逸國

麻逸國（注一）在渤泥之北。團聚千餘家。夾溪而居。士人披布如被。或腰布蔽體。有銅佛像。散布草野。不知所自。盜少至其境。商舶入港。駐於官場前。官場者。其國闤闠之所也。登舟與之雜處。酋長日用白傘。故商人必賚以爲贐。交易之例。蠻賈叢至。隨篋籬搬取物貨而去。初若不可曉。徐辨認搬貨之人。亦無遺失。蠻賈迺以其貨轉入他島嶼貿易。率至八九月始歸。以其所得準償舶商。亦有過期不歸者。故販麻逸舶回最晚。三嶼。白蒲延。蒲里嚕。里銀東。流新。里漢等。皆其屬也。（注二）土產黃蠟。吉貝。眞珠。瑇瑁。藥檳榔。于達布。商人用甆器。貨金。鐵鼎。烏鉛。五色琉璃珠。鐵針等博易。

（注一）譯注引 Blumentritt 菲律濱人種誌六五頁。麻逸乃 Mait 之對音。猶言黑人之地。蓋 Mindoro 島之名稱也。又引 B. Laufer 中國菲律濱之交通二五一至二五二頁。以爲白蒲延 (Babuyan) 遠在呂宋 (Luzon) 之北。蒲里嚕 (Polillo) 遠在呂宋之東。既稱皆屬麻逸。則此麻逸殆合呂宋與 Mindoro 島而言。抑或包括菲律濱羣島全部也。——文獻通攷三三二闍婆條云。又有摩逸國。太平興國七年（九八二）載寶貨至廣州海岸。

（注二）譯注三嶼見後條。白蒲延乃呂宋北 Babuyan 島。蒲里嚕乃呂宋東 Polillo 島。餘三名里銀東似指 Lingayen。流新似指呂宋。里漢似指 Lubang。然皆出於臆測。未能必其是也。——東西洋考東洋針路麻逸作磨葉。Lubang 作呂蓬。

三嶼　蒲哩嚕

三嶼（注一）乃麻逸之屬。曰加麻延。巴姥酉。巴吉弄等。各有種落。散居島嶼。舶舟至則出而貿易。總謂之三嶼。其風俗大略與麻逸同。每聚落各約千餘家。地多崇岡。疊嶂峭拔如壁。馮高依險。編茅爲屋。山無水源。婦女以首絫聳二三甕取水於溪。登陟如履平地。窮谷別有種落。號海膽（注二）人形而小。眼圓而黃。虬髮露齒。巢於木顛。或三五爲羣。跧伏榛莽。以暗箭射人。多罹其害。投以甆椀。則俯拾忻然跳呼而去。番商每抵一聚落。未敢登岸。先駐舟中流。鳴鼓以招之。蠻賈爭棹小舟。持吉貝黃蠟番布椰心簟等至與貿易。如議之價未決。必賈豪自至說諭。餽以絹傘甆器籐籠。仍留一二輩爲質。然後登岸互市。交易畢。則返其質。停舟不過三四日。又轉而之他。諸蠻之居。環繞三嶼。不相統率。其山倚東北隅。南風時至。激水衝山。波濤迅駛。不可泊舟。故販三嶼者。率四五月間即理歸棹。博易用甆器。皁綾。纈絹。五色燒珠。鉛網墜。白錫爲貨。蒲哩嚕（注三）與三嶼聯屬。聚落差盛。人多猛悍。好攻劫。海多鹵股之石。槎牙如枯木。芒刃銛於劍戟。舟過其側。預曲折以避之。產青琅玕。珊瑚樹。然絕難得。風俗博易與三嶼同。

(注一)三嶼。元史二一〇有傳。譯注加麻延疑是 Calamianes。巴姥酉疑是 Palawan。巴吉弄似爲 Busuanga。又據麻逸條注一引 Laufer 書二五一頁注一。以 Busuanga 東之 Penon de Coron 比附巴姥酉。——東西洋考東洋針路有巴荖圓。應是 Palawan 之對音。本條巴姥酉疑有訛誤。島夷志略三島條有巴弄吉。與此巴吉弄未詳孰是。

(注二)譯注海膽乃呂宋深山中之 Negritos 種。而 Aëta 之對音也。——按 Aëta 一作 Aita。蓋爲馬來語 Hitam 之訛寫。此言黑人。Mindoro 等島亦有之。見 J. Deniker 世界種族誌五五六頁。

(注三)蒲里嚕見麻逸條注二。島夷志略三島條有蒲里姥。殆其同名異譯。島夷志略別有麻里嚕。似爲(Minila)之對音。

流求國

流求國(注一)當泉州之東。舟行約五六日程。王姓歡斯。土人呼爲可老。王所居曰波羅檀洞。塹柵三重。環以流水。植棘爲藩。殿宇多彫刻禽獸。男女皆以白紵繩纏髮。從頭後盤繞。及以雜紵雜毛爲衣。製裁不一。織藤爲笠。飾以羽毛。有刀矟弓箭劍鼓之屬。編熊豹皮爲甲。所乘之車。刻獸爲像。導從僅數十人。無賦斂。有事則均稅。不知節朔。眎月盈虧以紀時。父子同牀而寢。曝海水爲鹽。釀米麴爲酒。遇異味。先進尊者。肉有熊羆豺狼。尤多猪雞。無牛羊驢馬。厥土沃壤。先用火燒。然後引水灌注。持鍤僅數寸而墾之（注二）無他奇貨，尤好剽掠，故商賈不通。土人間以所產黃蠟、土金、氂尾、豹脯往售於三嶼。旁有毗舍耶、談馬顏（注三）等國。

（注一）隋書名流求，韓愈送鄭尚書序、柳宗元嶺南節度使饗軍堂記並作琉求，張鷟朝野僉載作留仇，注云即後流虬國，元史作瑠求，島夷志略作琉球，宋代載籍著錄之名稱並從隋書，明代載籍著錄之名稱並從島夷志略。參考島夷志略校注本藤田豐八注，案明以前之流求概指台灣，業經 Hervey St. Denis (Ethnographie, I, 414.) 考出晚至明代始以稱今之琉球，然在明初尚不知辨別此二琉球也。參看星槎勝覽校注後集琉球條。——本條之文盡本隋書，惟删朱寬入海求訪異俗及陳稜等用兵流求二事。參看隋書八一流求傳。

（注二）以上節錄隋書八一流求傳文。惟隋書土人呼為可老羊，本條脫羊字。隋書編紵為甲，或用熊豹皮，本條僅云編熊豹皮為甲。隋書王乘木獸，令左右轝之而行，導從不過數十人。小王乘杌，鏤為獸形。本條僅云所乘之車刻獸為像，導從僅數十人。隋書持一插，以石為刃，長尺餘，闊數寸，而墾之。本條僅云持插僅數寸而墾之。隋書原文逾千言，本條删存不及二百字。宋史四九一流求傳又合本書流求、毗舍耶二條之文而删節之，去原意更遠矣。

（注三）譯注毗舍耶指今台灣南部。見後條。談馬顏殆指台灣南岸 Botol Tobago 島。

毗舍耶國

毗舍耶，（注一）語言不通，商販不及，袒裸盱睢，殆畜類也。泉有海島曰彭湖，（注二）隸晉江縣，與其國密邇。煙火相望。時至寇掠。其來不測。多罹生噉之害。居民苦之。淳熙間。國之酋豪常率數百輩猝至泉之水澳圍頭等村。恣行兇暴。戕人無數。淫其婦女。已而殺之。喜鐵器及匙筯。人閉戶則免。但刓其門圈而去。擲以匙筯則俯拾之。可緩數步。官軍擒捕。見鐵騎則競刓其甲。駢首就戮而不知悔。臨敵用標鎗繫繩十餘丈爲操縱。蓋愛其鐵不忍棄也。不駕舟楫。惟以竹筏從事。可摺疊如屏風。急則羣舁之泅水而遁。

(注一)譯注。毗舍耶久經 Terrien de Lacouperie 考訂爲菲律濱羣島中之 Visaya 或 Bisaya。最近 Laufer 在中國菲律濱之交通二五三至二五五頁中以爲此毗舍耶人既常至泉州寇掠。而本條又有晉江縣(泉州府治)與其國密邇語。殆爲徙居台灣西南海岸之菲律濱人。

(注二)彭湖名稱似首見本書。趙孟頫有吳禮部本旨詣彭湖詩。足爲元時彭湖曾隸版圖之證。陳懋仁泉南雜志引泉郡志。彭湖嶼在明時隸晉江縣。爲泉之外府。參看島夷志略校注彭湖條藤田豐八注。

新羅國

新羅國弁韓遺種也。(注一)其國與泉之海門對峙。俗忌陰陽家子午之說。故興販必先至四明。而後再發。或曰泉之水勢漸低。故必經由四明。(注二)有大族曰金氏朴氏。唐武德中封眞金爲樂浪郡王。

其後常爲君長。(注三)開耀中遣使乞唐禮及他文從之。(注四)屋宇器用服飾官屬略倣中國。其治峻法以繩下。故少犯道不拾遺。(注五)婚娶不用幣。人知書喜學。厮役之家亦相矜勉。里有庠扁曰局堂。處子弟之未婚者習書射於其中。三歲一試。舉人有進士算學諸科。故號君子國。(注六)地宜粳稻。有槖駝水牛。不用錢。第以米博易。民家器皿悉銅爲之。樂有二品。曰唐樂。曰鄉樂。(注七)開元中嘗遣邢璹爲弔使。(注八)五代同光長興中各遣使修朝貢禮。皇朝建隆二年遣使來貢。興國二年又貢。其國信陰陽鬼神之事。多拘忌。中國使至。必涓吉而後具禮受詔。每受詔亦爲謝表。粗有文采。地出人參。水銀。麝香。松子。榛子。石決明。松塔子。防風。白附子。茯苓。大小布。毛施布。銅磬。瓷器。草蓆。鼠毛筆等。商舶用五色纈絹及建本文字博易。

(注一)譯注。新羅興於漢梁書五四東夷傳云「魏時曰新盧。宋時曰新羅。或曰斯羅。」後唐清泰二年(九三五)亡於高麗。大食人行記名此國曰 Sila. 蓋新羅之對音也——汝适撰是編時。新羅併入高麗已二百九十年。本條蓋採輯諸史文而成。惟略附以宋初來朝事及高麗物產而已。宋史四八七有高麗傳。

(注二)宋史四八七高麗傳述自寧波至平壤之行程云「自明州定海遇便風三日入洋。又五日抵墨山入其境。自墨山過島嶼。詰曲樵石間。舟行甚駛。七日至禮成江。江居兩山間。束以石峽。湍激而下。所謂急水門。最爲險惡。又三日抵岸。有館曰碧瀾亭使人由此登陸崎嶇山谷四十餘里乃其國都云」

（注三）新唐書二二〇新羅傳云「王姓金貴人姓朴民無氏」

（注四）新唐書二二〇新羅傳云「開耀元年（六八一）王死子政明襲王遣使者朝丐唐禮及它文辭武后賜吉凶禮幷文辭五十篇」

（注五）宋史四八七高麗傳云「刑無慘酷之科唯惡逆及罵父母者斬餘皆杖肋外郡刑殺悉送王城歲以八月減囚死罪貸流諸島累赦眡輕重原之」

（注六）唐書二二〇新羅傳云「開元二十五年（七三六）死帝尤悼之贈太子太保命邢璹以鴻臚少卿弔祭子承慶襲王詔璹曰新羅號君子國知詩書以卿惇儒故持節往宜演經誼使知大國之盛」

（注七）宋史四八七高麗傳云「樂聲甚下無金石之音既賜樂乃分爲左右二部左曰唐樂中國之音也右曰鄉樂其故習也」本條唐樂誤庫樂今改正

（注八）參看本條注六

倭國

倭國（注一）在泉之東北今號日本國以其國近日出故名或曰惡舊名改之國方數千里西南至海東北限以大山山外卽毛人國（注二）凡五畿七道三島三千七百七十二鄉四百一十四驛八十八

萬三千餘丁。（注三）地多山林。無良田。嗜海錯。（注四）俗多文身。自謂泰伯之後。（注五）又言上古使至中國。皆自稱大夫。（注六）昔夏少康之子封於會稽。斷髮文身以避蛟龍之害。今倭人沉沒取魚。亦文身以厭水族。計其道里。在會稽之正東。（注七）寒暑大類中國。王以王爲姓。歷七十餘世不易。文武皆世官。（注八）男子衣橫幅。結束相連。不施縫綴。婦人衣如單被。穿其中以貫頭。一衣率用二三縑。皆被髮跣足。（注九）亦有中國典籍。如五經白樂天文集之類。皆自中國得之。土宜五穀而少麥。交易用銅錢。以乾元大寶爲文。有水牛驢羊犀象之屬。亦有金銀細絹花布。（注一〇）多産杉木羅木。長至十四五丈。徑四尺餘。土人解爲枋板。以巨艦搬運至吾泉貿易。泉人罕至其國。樂有中國高麗二部。刀楯弓矢。以鐵爲鏃。挽射矢不能遠。詰其故。以其國中不習戰鬬。（注一一）有屋宇。父母兄弟臥息異處。（注一二）飲食用俎豆。（注一三）嫁娶不持錢帛。（注一四）死有棺無槨。封土爲冢。初喪哭泣不食肉。已葬舉家入水潔浴以祓不祥。舉大事則灼骨以占吉凶。（注一五）不知正歲四時。但計秋收之時以爲年紀。（注一六）人多壽。率八九十歲。（注一七）婦女不淫不妬。無爭訟。或罹於罪。重者族滅。輕者沒其妻孥。（注一八）以金銀爲貢賦。卽其地之東奧州及對島所産也。（注一九）其國自後漢嘗通中國。歷魏晉宋隋唐並遣使修朝貢國朝雍熙元年國僧奝然(注二〇)與其徒五六人浮海至以銅器十餘事獻極精緻太宗召見館於太平興國寺賜紫衣方袍撫之甚厚聞其王一姓傳繼臣下皆世官因歎息謂宰臣宋琪李昉(注二一)曰此島夷爾乃世祚遐久其臣亦繼襲不絕此古之道也夫以一島夷而動太宗之歎息豈泰伯用夏變夷之遺風猶有存者歟

(注一)譯注日本古號倭國一名[illegible]至唐「稍習夏音惡倭名更號日本使者自言國近日所出以爲名」參看新唐書二二〇日本傳大食人名 Waqwaq 蓋倭國之對音也

(注二)毛人國卽蝦夷新唐書二二〇日本傳云「蝦蛦亦居海島中其使者鬚長四尺許珥箭於首令人戴瓠立數十步射無不中」古時蝦夷居本島北部山海經有毛民似非此毛人

(注三)宋史四九一日本傳記奝然語曰本畿內有山城大和河內和泉攝津五州東海東山北陸山陰山陽南海西海七道壹岐對馬多褹三島凡三千七百七十二鄉四百一十四驛八十八萬三千三百二十九課丁

(注四)三國志魏志三〇倭人傳云「土地山險多深林道路如禽鹿徑有千餘戶無良田食海物自活」晉書九七倭人傳云「地多山林無良田食海物」

(注五)晉書九七倭人傳云「男子無大小悉黥面文身自謂泰伯之後」參看後漢書一一五梁書五四倭國傳

(注六)晉書九七倭人傳云「又言上古使詣中國皆自稱大夫」參看三國志魏志三〇倭人傳後漢書一一五倭國傳云

「建武中元二年（五七）。倭奴國奉貢朝賀。使人自稱大夫。倭國之極南界也。」

（注七）晉書九七倭人傳云。「昔夏少康之子封於會稽。斷髮文身以避蛟龍之害。今倭人好沉沒取魚。亦文身以厭水禽。計其道里當會稽東冶之東。」——譯注。倭國使臣入朝之道。大致取道壹岐對馬高麗。七六一年始自九州徑航明州。參看唐書二二〇日本傳。三國志魏志三〇倭人傳誌有中國日本間諸國名。可資參考。

（注八）後漢書一一五倭國傳云。「凡百餘國。……通於漢者三十許國。國皆稱王。王世世傳統。其大倭王居邪馬臺國。」宋史四九一日本傳云。「國王以王爲姓。傳襲至今王六十四世。文武僚吏皆世官。」

（注九）後漢書一一五倭國傳云。「其男衣皆橫幅。結束相連。女人被髮屈紒。衣如單被。貫頭而著之。」參看三國志三〇。晉書九七。新唐書二二〇各傳。

（注一〇）宋史四九一日本傳云。「國中有五經書及佛經。白居易集七十卷。並得自中國。土宜五穀而少麥。交易用銅錢。文曰乾元大寶。畜有水牛驢羊。多犀象。產絲蠶。多織絹。薄緻可愛。」譯注。乾元宋史及本書皆誤乾文。今改正。參看N. G. Munro, Coins of Japan, 75, 79. 本書及宋史所載奝然記事。傳寫頗有訛誤。如「東奧州產黃金。西對島出白銀。」本書誤奧爲粵。又本書與宋史並誤對爲別。此外如多犀象等語亦誤。

（注一一）此節雜採宋史四九一。晉書九七各傳文。參看後漢書一一五。三國志三〇各傳。

（注一二）此節採自晉書九七倭人傳。

（注一三）後漢書一一五倭國傳云。「飲食以手而用籩豆。」晉書九七倭人傳云。「飲食用俎豆。」

（注一四）晉書九七倭人傳云。「嫁娶不持錢帛。以衣迎之」

（注一五）此節全採晉書九七倭人傳。

（注一六）三國志三〇倭人傳注引魏略曰。「其俗不知正歲四時。但記春耕秋收爲年紀」本條此節本晉書九七倭人傳。

（注一七）晉書九七倭人傳云。「人多壽百年。或八九十。」參看後漢書一一五倭國傳。

（注一八）此節亦本晉書九七倭人傳。參看後漢書一一五三國志三〇各傳。

（注一九）此節奧州誤粵州。對島誤別島。今並改正。參看本條注一〇。宋史四九一日本傳。

（注二〇）宋史四九一日本傳云。「奝然自云姓藤原氏。……善隸書而不通華言。問其風土。但書以對。」

（注二一）宋琪李昉宋史二六四及二六五有傳。

諸蕃志

卷下 志物

腦子

腦子(注一)出渤泥國。原注一作佛尼 又出賓窣國。(注二)世謂三佛齊亦有之。非也。但其國據諸蕃來往之要津。遂截斷諸國之物聚於其國。以俟蕃舶貿易耳。腦子樹如杉。生於深山窮谷中。經千百年支幹不曾損動。則膸有之。否則腦隨氣泄。土人入山採腦須數十爲羣。以木皮爲衣。賫沙糊爲糧。分路而去。遇腦樹則以斧斫記。至十餘株。然後截段均分。各以所得解作板段。隨其板傍橫裂而成縫。腦出於縫中。劈而取之。其成片者謂之梅花腦。以狀似梅花也。次謂之金脚腦。其碎者謂之米腦。碎與木屑相雜者謂之蒼腦。取腦已淨。其杉片謂之腦札。今人碎之。與鋸屑相和。置瓷器中。以器覆之。封固其縫。煨以熱灰。氣蒸結而成塊。謂之聚腦。可作婦人花環等用。(注三)又有一種如油者。謂之腦油。其氣勁而

烈柢可浸香合油

（注一）腦子即龍腦始見梁書五四狠牙修傳曰婆律香蓋此物聚於 Barus 而以地名也梵名曰羯布羅（karpura）西域記卷十秣羅矩吒（Malakuta）條云「羯布羅香樹松身異葉花果斯別初采既溼尙未有香木乾之後修理而析其中有香狀若雲母色如冰雪此所謂龍腦香也」狠牙修本書作淩牙斯加秣羅矩吒本書隸南毗國——酉陽雜俎卷十八云「龍腦香樹出婆利國婆利呼爲固不婆律亦出波斯國樹高八九丈大可六七圍葉圓而背白無花實其樹有肥有瘦瘦者有婆律膏香一曰瘦者出龍腦香肥者出婆律膏也在木心中斷其樹劈取之膏於樹端流出斫樹作坎而承之入藥用別有法」婆利梁書五四隋書八二舊唐書一九七新唐書二二二下並有傳殆爲今之 Bali 阿剌壁語名龍腦曰 kafur 疑本於一種南海語若 kapur 者之對音拉丁語之 camphora 乃由阿剌壁語轉出固不二字疑本 kapur 又益以舊譯婆律二字而成固不婆律——唐本草云「龍腦是樹根中乾脂婆律香是根下清脂舊出婆律國因以爲名也」——圖經本草云「今惟南海番舶賈客貨之南海山中亦有之相傳云其木高七八丈大可六七圍如積年杉木狀旁生枝其葉正圓而背白結實如豆蔻皮有甲錯香即木中脂也膏即根下清液謂之婆律膏」

（注二）賓窣即昔之 Pansur 或 Fansur 亦作 Panɣur 或 Fanɣur 今 Barus 港也舊以腦子著名梁書之婆律本條之賓窣島夷志略之班卒明史之班卒兒皆爲此蘇門答剌西岸海港之譯名——當時龍腦因以婆律名

然出產地固不限於此港。前引梁書西域記酉陽雜俎等書狼牙修秣羅矩吒婆利等國亦有之。海藥本草云「是西海波律國波律樹中脂也。狀如白膠香。其龍腦油本出佛誓國。從樹取之」佛誓卽本書之三佛齊。則三佛齊亦產是物。——李調元南越筆記卷五稱龍腦出佛打泥。本條渤泥國下有注曰一作佛尼。此注如非調元所增此佛打泥殆受此佛尼之影響疑指 Patani 其名首見海語。卽東西洋考之大泥。而昔之狼牙修也。參看本書淩牙斯加條注二。——據本書單馬令淩牙斯加闍婆渤泥四國據嶺外代答卷二注輦國皆產腦子。

（注三）本書渤泥條云「土地所出梅花腦。速腦。金腳腦。米腦」則尙有速腦一種。蒼腦一作蒼龍腦。梅花腦俗呼爲冰片腦。

參看本草綱目三四龍腦香條。Marsden, History of Sumatra, 121—123.

乳香

乳香一名薰陸香。（注一）出大食之麻囉拔施曷奴發三國深山窮谷中。其樹大概類榕。以斧斫株。脂溢於外。結而成香。聚而成塊。以象輦之。至于大食。大食以舟載易他貨于三佛齊。故香常聚于三佛齊。（注二）番商貿易至舶司。視香之多少爲殿最。而香之爲品十有三。其最上者爲揀香。圓大如指頭。俗所謂滴乳是也。次曰餅乳。其色亞於揀香。又次曰餅香。言收時貴重之置於餅中。餅香之中又有上中下三等之別。又次曰袋香。言收時止置袋中。其品亦有三。如餅香焉。又次曰乳榻。蓋香之雜於砂石者也。又次曰黑榻蓋香色之黑者也。又次曰水濕黑榻蓋香在舟中爲水所浸漬而氣變色敗者也。品雜而碎者曰斫削。簸揚爲塵者曰纏末。皆乳香之別也。

（注一）譯注以乳香爲華語 olibanum (frankincense)之通稱。阿剌壁語名香藥曰 luban 猶言乳。又以薰陸爲譯名。出阿剌壁語之 kundur 或梵語之 kunduru 末引本草綱目三四摩勒香杜嚕香多伽羅香三名伯希和以爲薰陸是華名縱爲譯語所本語言尚未詳要與阿剌壁語名無關係也摩勒對音未詳杜嚕如爲梵語咄魯瑟劍(turuṣka) 之省譯然爲蘇合 (storax) 而非薰陸多伽羅對音是 tagara 乃爲零陵香亦非薰陸也。參看西域南海史地考證譯叢一三〇至一三四頁——南方草木狀卷下云「薰陸香出大秦。在海邊有大樹枝葉如古松生於沙中盛夏樹膠流出沙上方採」——唐本草云「薰陸香形似白膠香出天竺者色白出單于者夾綠色香亦不甚」西域記卷十一阿吒釐(Aṭali) 國出薰陸香樹樹葉若棠梨——海藥本草引廣志云「薰陸香是樹皮鱗甲。采之復生。乳頭香生南海是波斯松樹脂也。紫赤如櫻桃透明者爲上。」——本草別說云西出天竺南出波斯等國。西者色黃白南者色紫赤日久重疊者不成乳頭雜以沙石其成乳者乃新出未雜沙石者也。薰陸是總名。乳是薰陸之乳頭也。今松脂楓脂中亦有此狀者甚多。」——夢溪筆談二六云「薰陸即乳香也本名薰陸以其滴下如乳頭者謂之乳頭香。鎔塌在地上者謂之塌香。如臘茶之有滴乳白乳之品豈可各是一物。」

（注二）麻囉拔。施曷。奴發。並見本書大食條注九。嶺外代答卷三云「大食國之來也以小舟運而南行至故臨國(Quilon)。

易大舟而東行至三佛齊國。」——馬可波羅行紀第一八九章云 Shehr（施曷）「饒有白色乳香」。又一九〇章祖法兒（Zufar，疑是本書之奴發）條云「此地有白乳香甚多。茲請言其出產之法。境內有樹木頗類小杉。人用刀刺破數處。乳香從刺處流出。有時不用刀刺而自流出。蓋因其地酷熱所致也。」見拙譯本七六五頁又七六七至七六八頁。

沒藥

沒藥（注一）**出大食麻囉抹**（注二）**國。其樹高大如中國之松。皮厚一二寸。採時先掘樹下為坎。用斧伐其皮。脂溢於坎中。旬餘方取之。**

（注一）沒藥一作末藥。本草綱目三四謂「沒末皆梵言」。誤也。案波斯語名曰 mor。阿剌壁語名曰 murr。拉丁語名曰 myrrha。漢譯名不出波斯語。即本阿剌壁語。開寶本草云「沒藥生波斯國。其塊大小不定。黑色似安息香。」圖經本草云「今海南諸國及廣州或有之。木之根株皆如橄欖。葉青而密。歲久者則有脂液流滴在地下。凝結成塊。或大或小。亦類安息香。采無時。」海藥本草引徐表南州記云「是波斯松脂也。狀如神香。赤黑色。」——酉陽雜俎十八云「沒樹出波斯國。拂林呼為阿縒。長一丈許。皮青白色。葉似槐葉而長。花似橘花而大。子黑色。大如山茱萸。其味酸甜可食。」案阿藍（Aramean）語有 asa。阿剌壁語作 as。蓋桃金孃（Myrtus communis）之名稱。阿縒對音殆本於此。是誤合沒藥桃金孃二物為一矣。

（注二）麻囉抹應爲麻囉拔之訛本書弼琶囉條云此國多沒藥他國悉就販焉今沒藥之佳者尙爲 Somali 沿岸 Harar 附近地方之出產殆從此地或阿剌壁沿岸轉販至麻囉拔致誤會其出產於此國也

血碣

血碣（注一）亦出大食國其樹略與沒藥同但葉差大耳採取亦如之有瑩如鏡面者乃樹老脂自流溢不犯斧鑿此爲上品其夾插柴屑者乃降眞香之脂俗號假血碣（注二）

（注一）血碣應是血竭之誤古名騏驎竭唐本草云「騏驎竭 (dragon's-blood) 樹名渴留紫鉚 (stick-lac) 樹名渴廪二物大同小異」海藥本草引南越志云「騏驎竭是紫鉚樹之脂也」此說誤本草綱目三四騏驎竭條已辨明「騏驎是樹脂紫鉚是蟲造」圖經本草云「今南番諸國及廣州皆出之木高數丈婆娑可愛葉似櫻桃而有三角其脂液從木中流出滴下如膠飴狀久而堅凝乃成竭赤作血色采無時舊說與紫鉚大都相類而別是一物功力亦殊」——譯注本書中理條云此國山出血碣今考 Periplus of the Erythraean 書（第三十節）亦云 Socotra 島產此物名曰印度朱砂 (Indian cinnabar) 阿剌壁語名血竭曰 katir 此物乃從 Pterocarpus draco 樹中自然流出樹生在海拔八百尺至二千尺間——參看鄭和下西洋考一一〇至一一一頁

（注二）降眞香本書有專條假血竭卽學名 Calamus draco 者是已

金顏香

金顏香（注一）正出眞臘。大食次之。所謂三佛齊有此香者。特自大食販運至三佛齊。而商人又自三佛齊轉販入中國耳。其香乃木之脂。有淡黃色者。有黑色者。拗開雪白爲佳。有砂石爲下。其氣勁工於聚衆香。今之爲龍涎軟香佩帶者。多用之。番人亦以和香而塗其身。

（注一）金顏香瀛涯勝覽舊港（Palembang）條作金銀香。皆馬來語 kĕmĕnyan 之對音。今名 sweet benzoin 者是已。阿剌壁語名 laban jawi 此言闍婆香。阿剌壁語昔稱蘇門答剌曰闍婆。是知香以地名。本條謂此香出眞臘大食。而販運至三佛齊（Palembang）。疑出傳聞之誤。此香未經諸家本草著錄。僅瀛涯勝覽舊港條誌其形質云。「金銀香中國與他國皆不出。其香如銀匠鈒銀器黑膠相似。中有一塊似白蠟一般在內。好者白多黑少。低者黑多白少。燒其香氣味甚烈。衝觸人鼻。西番幷鎖俚人甚愛此香」。參看島夷志略舊港條藤田豐八注。

篤耨香

篤耨香（注一）出眞臘國。其香樹脂也。其樹狀如杉檜之類。而香藏於皮。樹老而自然流溢者色白而瑩。故其香雖盛暑不融。名白（注二）篤耨。至夏月以火環其株而炙之。令其脂液再溢。冬月因其凝而取之。故其香夏融而冬凝。名黑篤耨。士人盛之以瓢。舟人易之以瓷器。香之味清而長。黑者易融。滲漉於瓢。碎瓢而爇之。亦得其髣髴。今所謂篤耨瓢是也。

（注一）篤耨香卽 Pistacia terebinthus L. 樹脂。篤耨二字之對音未詳。可參看遠東法國學校校刊第四卷一七四頁。本草綱目三四篤耨香條卽採自本書。李時珍所見本得爲舊刻本。茲錄其文以資對照。「篤耨香出眞臘國。樹之脂也。樹如松形。其香老則溢出。色白而透明者名白篤耨。盛夏不融。香氣清遠。土人取後。夏月以火炙樹。令脂液再溢。至冬乃凝。復收之。其香夏融冬結。以瓠瓢盛置陰涼處。乃得不融。雜以樹皮者則色黑。名黑篤耨。爲下品」——譯注誤以篤耨爲 damar 之對音。案馬來語 damar 乃屬別一樹脂。與篤耨有別。中國載籍首先著錄之譯名似是瀛涯勝覽滿剌加 (Malakka) 條之打麻兒。其文曰。「打麻兒香本是一等樹脂。流出入土。掘出如松香瀝青之樣。火燒卽着。番人皆以此物點照當燈。番船造完。則用此物熔塗於縫。水莫能入。甚好。彼地之人多採取此物以轉賣他國。內有明淨好者。卻似金珀一樣。名損都盧廝。番人做成帽珠而賣。今水珀卽此物也。」參看鄭和下西洋考一一二至一一三頁。

（注二）今本皆作曰茲。從本草綱目改作白。參看本條注一。

蘇合香油

蘇合香油（注一）出大食國。氣味大抵類篤耨。以濃而無滓爲上。蕃人多用以塗身。閩人患大風者亦倣之。可合軟香及入醫用。

（注一）譯注。今蘇合香油乃 storax 油。產於小亞細亞之 Liquidambar orientalis。中古代中國所識之蘇合出大秦國案希臘語名此物曰 sturaz 漢名蘇合殆其對音蓋西利亞 Styrax officinalis 之產物也隋書八三波斯傳載波斯產蘇合梁書五四中天竺傳云「其西與大秦安息交市海中多大秦珍物……蘇合是合諸香汁煎之非自然一物也又云大秦人採蘇合先笮其汁以爲香膏乃賣其滓與諸國賈人是以展轉來達中國不大香也」則昔時蘇合已多僞品矣本書白達蘆眉吉慈尼諸條所列出產中並有蘇合油——唐本草云「今從西域及崑崙來紫赤色與紫眞檀相似堅實極芳香性重如石燒之灰白者好」圖經本草云「今廣州雖有蘇合香但類蘇木無香氣藥中只用如膏油者極芬烈陶隱居以爲獅子屎者亦是指此膏油者言之爾」翻譯名義集卷八云「咄嚕瑟劍(turuska)此云蘇合珙鈔引續漢書云出大秦國合諸香煎其汁謂之蘇合廣志亦云出大秦國或云蘇合國國人采之笮其汁以爲香膏乃賣其滓或云合諸香草煎爲蘇合非一物也」夢溪筆談二六云「今之蘇合香如堅木赤色又有蘇合油如糯膠今多用此爲蘇合香按劉孟德傳信方用蘇合香云皮薄子如金色按之即小放之即起良久不定如蟲動烈者佳也如此則全非今所用者更當精考之」

安息香

安息香(注一)出三佛齊國其香迺樹之脂也其形色類核桃瓤而不宜於燒然能發衆香故人取之以和香焉通典敍西戎有安息國(注二)後周天和隋大業中曾朝貢恐以此得名而轉貨於三佛齊

(注一)安息香即學名 Styrax benzoin 者是也唐本草云「安息香出西戎狀如松脂黃黑色爲塊新者亦柔韌」海

藥本草云「生南海波斯國。樹中脂也。狀若桃膠。秋日采之。」酉陽雜俎十八云。「安息香樹出波斯國。波斯呼爲辟邪。樹長三丈。皮色黃黑。葉有四角。經寒不凋。二月開花。黃色。花心微碧。不結實。刻其樹皮。其膠如飴。名安息香。六七月堅凝。乃取之。燒之通神明。辟衆惡」——譯注謂梵名作 khadira 或 kunduru 應誤。翻譯名義集卷八云「拙具羅。或窶具羅。或求求羅。此云安息」則梵名應作 guggula 可參看西域南海史地考證譯叢一三四至一三五頁。

（注二）安息國名首見史記一二三大宛列傳。本書僅引通典。足證本書所採載籍之文多出通典。古之安息。蓋指番兜 (Partava, Partu, Parthio) 之安息 (Arsacides) 朝。周隋之時（五五七至六一八）。蓋爲波斯 (Parsa) 薩珊朝 (Sassanides) 代興之時。而尙名安息者。襲舊稱也。觀本條注一所引諸文。可知此香之輸入始於唐代。其初販售者殆爲 Blassamodendron africanum 所產之香。因其來自波斯。故以安息香名。然純粹安息香出於南海。故海藥本草云「生南海波斯國」也。

梔子花

梔子花。（注一）出大食啞巴閑囉施美（注二）二國。狀如中國之紅花。其色淺紫。其香清越。而有醞藉。土人採花曬乾。藏之琉璃缾中。花赤希有。即佛書所謂薝蔔（注三）是也。

（注一）梔子花。陶弘景（四五二至五三六）名醫別錄作巵子。即 Gardenia florida。酉陽雜俎十八云。「諸花少六出者。唯梔子花六出。陶眞白言梔子翦花六出。刻房七道。其花香甚。相傳即西域薝蔔花也。」圖經本草云「今南方及西蜀州郡皆有之。木高七八尺。葉似李而厚硬。又似樗蒲子。二三月生白花。花皆六出。甚芬香。俗說即西域薝蔔也。夏秋結實如訶子狀。生青熟黃。中仁深紅。南人競種以售利。史記貨殖傳云巵茜千石。與千戶侯等。言獲利博也。入藥用山巵子。方書所謂越桃也。皮薄而圓小。刻房七棱至九棱者爲佳。其大而長者。雷斅炮炙論謂之伏尸巵子。入藥無力。」嶺外代答卷七云。「薝梔子出大食國。佛書所謂薝蔔花是也。海蕃乾之。如染家之紅花也。今廣州龍涎所以能香者。以用薝梔故也。又深廣有白花。全似梔子花。而五出。人云亦自西竺來。亦名薝蔔。此說恐非是。」本書記施條云。「大食歲遣駱駝負薔薇水梔子花……等下船至本國販於他國。」又蘆眉條云蘆眉國產梔子花。

（注二）本書大食條著錄諸屬國名。有啞四包閑囉施美等國。本條啞巴閑疑脫四字。參看大食條注九。

（注三）薝原誤簷。今从梵名 campaka 改正。翻譯名義集卷八云。「瞻蔔或簷波。正云瞻博迦。大論翻黃華。樹形高大。」此花即 *Michelia champaca*。與梔子應爲二物。觀本條注一所引諸書。知其混稱由來久矣。

薔薇水

薔薇水。（注一）大食國花露也。五代時番使蒲訶散以十五缾效貢。（注二）厥後罕有至者。今多採花浸水。蒸取其液以代焉。其水多僞雜。以琉璃缾試之。翻搖數四。其泡周上下者爲眞。其花與中國薔薇不同。

（注一）譯注薔薇水 (rose-water) 亦作薔薇露 (rose-dew)。波斯語名 gulab。本書記施蘆眉二條均著錄有此產物。大食人 Ibn Haukal 云薔薇水以 Fars 州附近一帶所產最著名。販售世界各地。

（注二）占城遣使莆訶散貢方物於後周兩見載籍著錄。一爲周太祖廣順元年（九五一）事見册府元龜九七二。一爲世宗顯德五年（九五八）事。新五代史七四占城傳云「其國王因德漫 (Sri Indravarman III) 遣使者莆訶散來貢猛火油八十四瓶。薔薇水十五瓶。其表以貝多葉書之。以香木爲函。猛火油以灑物。得水則出火。薔薇水云得自西域。以灑衣雖敝而香不滅」。參看占婆史五三頁。

沉香

沉香（注一）所出非一。眞臘爲上。占城次之。三佛齊闍婆等爲下。俗分諸國爲上下岸。以眞臘占城爲上岸。大食三佛齊闍婆爲下岸。香之大概生結者爲上。熟脫者次之。堅黑者爲上。黃者次之。然諸沉之形多異而名亦不一。有如犀角者謂之犀角沉。如燕口者謂之燕口沉。如附子者謂之附子沉。如梭者謂之梭沉。文堅而理緻者謂之橫隔沉。大抵以所產氣味爲高下。不以形體爲優劣。世謂渤泥亦產。非也。（注二）一說其香生結成。以刀修出者爲生結沉。自然脫落者爲熟沉。產於下岸者謂之番沉。氣哽味辣而烈。能治冷氣。故亦謂之藥沉。海南亦產沉香。其氣清而長。謂之蓬萊沉。（注三）

（注一）沉香。一名沉水香。即學名 Aquilaria agallocha 者是也。——譯注。馬來語爪哇語作kalambak。然亦作gharu或 kayu gharu 即 gharu-wood 是已。此名乃從梵語 agaru 轉訛而成。葡萄牙語作 pao d'aquila。法語之 bois d'aigle。英語之 eagle-wood 並從葡語轉出。法語又名 boos de calambour 則出於馬來語之 kalambak 也。阿剌壁及中世紀撰述又作 aloes 或 aloes-wood。——南方草木狀卷中云「蜜香。沉香。鷄骨香。黃熟香。鷄舌香。棧香。青桂香。馬蹄香。按此八物同出於一樹也。交趾有蜜香樹。幹似柜柳。其花白而繁。其葉如橘。欲取香。伐之。經年。其根幹枝節各有別色也。木心與節堅黑沉水者為沉香。與水面平者為鷄骨香。其根為黃熟香。其幹為棧香。細枝緊實未爛者為青桂香。其根節輕而大者為馬蹄香。其花不香。成實乃香。為鷄舌香。珍異之木也。」——唐本草云「沉香。青桂。鷄骨。馬蹄。煎香。同是一樹。出天竺諸國。木似欅柳。樹皮青色。葉似橘葉。經冬不凋。夏生花白而圓。秋結實似檳榔。大如桑椹。紫而味辛。」——圖經本草云「沉香青桂等香。出海南諸國及交廣崖州。沈懷遠南越志云。交趾蜜香樹。彼人取之。先斷其積年老木根。經年其外皮幹俱朽爛。木心與枝節不壞。堅黑沉水者。即沉香也。半浮半沉與水面平者。為鷄骨香。細枝緊實未爛者。為青桂香。其榦為棧香。其根為黃熟香。其根節輕而大者。為馬蹄香。此六物同出一樹。有精粗之異爾。並采無時。」——本草衍義云「嶺南諸郡悉有。傍海處尤多。交榦連枝。岡嶺相接。千里不絕。葉如冬青。大者數抱。木性虛柔。山民以構茅廬。或為橋梁。為飯甑。為狗槽。有香者百無一二。蓋木得水方結。多在折枝枯榦中。或為沉。或為煎。或為黃熟。自枯死者謂之水盤香。南息高竇等州。惟產生結香。蓋山民入山。以刀斫曲榦斜枝成坎。經年得雨水浸漬。遂結成香。乃鋸取之。刮去白木。其香結為斑點。名鷓鴣斑。燔之極清烈。香之良者惟在瓊崖等州．俗謂角沉黃沉．乃枯木得者．宜入藥用．依木皮而結者．謂之靑桂．氣尤清．在土中歲久．不待創剔而成薄片者．謂之龍鱗．削之自卷．咀之柔韌者．謂之白蠟沉．尤難得也．」——本草綱目三四云．「沉香品類．諸說頗詳．今攷楊億談苑．蔡絛叢話．范成大桂海志．張師正倦游錄．洪駒父香譜．葉廷珪香錄諸書．撮其未盡者補之云．香之等凡三．曰沉．曰棧．曰黃熟是也．沉香入水卽沉．其品凡四．曰熟結．乃膏脈凝結自朽出者．曰生結．乃刀斧伐仆膏脈結聚者．曰脫落．乃因木朽而結者．曰蟲漏．乃因蠹隙而結者．生結爲上．熟脫次之．堅黑爲上．黃色次之．角沉黑潤．黃沉黃潤．蠟沉柔韌．革沉紋橫．皆上品也．海島所出．有如石杵．如肘如拳．如鳳雀龜蛇雲氣人物．及海南馬蹄．牛頭．燕口．繭栗．竹葉．芝菌．梭子．附子等香．皆因形命名爾．其棧香入水半浮半沉．卽沉香之半結連木者．或作煎香．番名婆木者．亦名弄水香．其類有蝟刺香．鷄骨香．葉子香．皆因形而名．有大如笠者．爲蓬萊香．有如山石枯槎者．爲光香．入藥皆次於沉香．其黃熟香卽香之輕虛者．俗訛爲速香是矣．有生速斫伐而取者．有熟速腐朽而取者．其大而可雕刻者．謂之水盤頭．並不堪入藥．但可焚爇．葉廷珪云．出渤泥占城眞臘者．謂之番沉．亦曰舶沉．曰藥沉．醫家多用之．以眞臘爲上．蔡絛云．占城不若眞臘．眞臘不若海南黎峒．黎峒又以萬安黎母山東峒者冠絕天下．謂之海南沉．一片萬錢．海北高化諸州者．皆棧香爾．范成大云．黎峒出者名土沉香．或曰崖香．雖薄如紙者．入水亦沉．萬安在島東．鍾朝陽之氣．故香尤醞藉．土人亦自難得．舶沉香多腥烈．尾烟必焦．交趾海北之香．聚於欽州．謂之欽香．氣尤酷烈．南人不甚重之．惟以入藥．」

——翻譯名義集卷八云「呵伽嚧（agaru）．或云惡揭嚕．此云沉香．華嚴云．阿那婆達多池邊出沈水香．名蓮華藏．其香一圓．如麻子大．若以燒之．香氣普熏閻浮提界．異物誌云．出日南國．欲取．當先斫樹．壞著地．積久．外朽爛．其心堅者置水則沈曰沈香其次在心白之間不甚精堅者置之水中不沈不浮與水平者名曰棧香」——嶺外代答卷七云「沈香來自諸蕃國者眞臘爲上占城次之眞臘種類固多以登流眉所產香氣味馨郁勝於諸蕃若三佛齊等國所產則爲下岸香矣以婆羅蠻香爲差勝下岸香味皆腥烈不甚貴重沈水者但可入藥餌交阯與占城鄰境凡交阯沈香至欽皆占城也海南黎母山峒中亦名土沈香少大塊如繭栗角如附子如芝菌如茅竹葉者皆佳至輕薄如紙者入水亦沈萬安軍在島正東鍾朝陽之氣香尤醞藉淸遠如蓮花梅英之類焚一銖許氛翳彌室翻之四面悉香至煤燼氣不焦此海南香之辨也海南自難得省民以一牛於黎峒博香一擔歸自差擇得沈水十不一二頃時香價與白金等故客不販而宦遊者亦不能多買中州但用廣州舶上蕃香耳唯登流眉者可相頡頏山谷香方率用海南沈香蓋識之耳若夫千百年之枯株中如石如杵如拳如肘如奇禽龜蛇如雲氣人物焚之一銖香滿半里不在此類矣」同書三佛齊云「其屬有佛羅安國國主自三佛齊選差地亦產香氣味腥烈較之下岸諸國此爲差勝」則沈香條之婆羅蠻應是佛羅安之別譯——Ibn Batutah 書謂沈香以 Kākula 及 Kmāra 出產者爲最良按前一地唐譯作哥谷羅後一地唐譯作吉蔑即眞臘也

（注二）譯注本書所誌出產沈香之地有交趾占城眞臘登流眉三佛齊單馬令凌牙斯加佛囉安渤泥屬島海南島等地占城條且云「官監民入山斫香輸官謂之身丁香」——瀛涯勝覽占城條云「伽藍香（kalambak）惟此國一大山出產天下再無出處其價甚貴以銀對換」殆出馬歡傳聞之誤

（注三）蓬萊沉已見本書交趾條注八嶺外代答卷七云「蓬萊香出海南即沉水香結未成者多成片如小笠及大菌之狀

極堅實狀類沈香惟入水則浮氣稍輕清價亞沈香剉去其背帶木者亦多沈水」

箋香

箋香（注一）乃沈香之次者氣味與沉香相類然帶木而不甚堅實故其品次於沉香而優於熟速

（注一）箋香一名棧香一名煎香南方草木狀南越志並云蜜香樹其榦爲棧香唐本草作煎香——嶺表錄異云「廣管羅州多棧香樹身似柳其花白而繁其葉似橘皮堪作紙名爲香皮紙灰白色有紋如魚子棧其紙慢而弱沾水即爛遠不及楮皮者又無香氣或云黃熟棧香同是一樹而根榦枝節各有分別也」——嶺外代答卷七云「箋香出海南者如蝟皮漁蓑之狀蓋出諸修治香之精鍾於刺端大抵以斧斫以爲坎使膏液凝沍於痕中膏液垂而下結巉巖如攢鋮者海南之箋香也膏液湧而上結平闊如盤盂者蓬萊箋也其側結者必薄名曰蟬殼香廣東舶上生熟速結等香當在海南箋香之下」——參看本書沉香條注一

速暫香

生速出於眞臘占城而熟速所出非一眞臘爲上占城次之闍婆爲下伐樹去木而取者謂之生速樹仆於地木腐而香存者謂之熟速生速氣味長熟速氣味易焦故生者爲上熟者次之熟速之次者謂之暫香（注一）其所產之高下與熟速同但脫者謂之熟速而木之半存者謂之暫香半生熟商人以

刀斫其木而出其香。擇其上者雜於熟速而貨之市者亦莫之辨。

（注一）本草綱目三四云：「黃熟香卽香之輕虛者俗訛爲速香是矣。有生速斫伐而取者。有熟速腐朽而取者。」是知速香卽黃熟香。本條云「熟速之次者謂之暫香……半生熟」則速暫香亦爲黃熟香之一種。參看本書沉香條注一及下文黃熟香條。

黃熟香

黃熟香（注一）諸番皆出而眞臘爲上。其香黃而熟。故名。若皮堅而中腐者其形如桶。謂之黃熟桶。其夾箋而通黑者其氣尤勝。謂之夾箋黃熟。夾箋者迺其香之上品。

（注一）南方草木狀南越志並云：蜜香樹其根爲黃熟香。本草綱目三四云：「木之心節置水則沉。故名沉水。亦曰水沉。半沉者爲棧香。不沉者爲黃熟香。」參看本書沉香條注一。

生香

生香（注一）出占城眞臘。海南諸處皆有之。其直下於烏鬬。乃是斫倒香株之未老者（注二）若香已生在木內則謂之生香。結皮三分爲暫香。五分爲速香。七八分爲箋香。十分卽爲沉香也。

（注一）沉香品類甚多。南方草木狀其品有八。唐本草其品有五。丁謂天香傳云：「此香奇品最多。四香凡四十二狀。出于一

本」一本草別說云「諸品之外又有龍鱗麻葉竹葉之類不止一二十品」或以根幹枝節別或以形類別本條蓋以生熟別參看本書沉香條注一

（注二）烏字下有脫文譯注疑脫「角沉」二字本書渤泥條渤泥附近諸島出生香

檀香

檀香（注一）出闍婆之打綱底勿二國三佛齊亦有之（注二）其樹如中國之荔支其葉亦然土人斫而陰乾氣清勁而易泄爇之能奪衆香色黄者謂之黄檀紫者謂之紫檀輕而脆者謂之沙檀氣味大率相類樹之老者其皮薄其香滿此上品也次則有七八分香者其下者謂之點星香爲雨滴漏者謂之破漏香其根謂之香頭

（注一）檀香佛書名旃檀一作眞檀梵名 candana 之對音即 Santalum album 也是爲白檀紫檀一名赤檀即 Pterocarpus Santalinus 黄檀舊簡稱曰檀即 Dalbergia hupeana 三者非一物也古今注云「紫旃木出扶南色紫亦謂之紫檀」唐本草云「紫眞檀出崑崙盤盤國雖不生中華人間遍有之」本草拾遺云「白檀出海南樹如檀」圖經本草云「檀香有數種黄白紫之異今人盛用之江淮河朔所生檀木即其類但不香耳」本草綱目三四云「按大明一統志云檀香出廣東雲南及占城眞臘爪哇渤泥暹邏三佛齊回回等國今嶺南諸地亦皆有之樹葉皆似荔枝皮靑色而滑澤葉廷珪香譜云皮實而色黄者爲黄檀皮潔而色白者爲白檀皮腐而色紫者

爲紫檀。其木並堅重清香，而白檀尤良。宜以紙封收，則不洩氣」。參看本草綱目三四檀香條。

（注二）譯注魏書一〇二南天竺傳云拔賴城出白眞檀。本書南毗佛囉安三佛齊等條有檀香。層拔條有黃檀香。打綱底勿二國名見蘇吉丹條。打綱，Schlegel 考作今 Samarang 之舊名。底勿，渤泥條作底門，今 Timor 也。Crawfurd 印度羣島史（第一編五一九頁）云「檀香木（sandal-wood）自爪哇及 Madura 以東散布諸島中。愈東木愈多而質愈良，至於底勿愈佳美。底勿島語名檀香曰 aikameni。菴門（Amboyna）島語名檀香曰 ayasru。爪哇以西所產甚寡，而其質亦甚劣」。後（第三編四二一頁）云「印度羣島之檀香木不及麻囉拔（Malabar）所產之良」。

丁香

丁香（注一）出大食闍婆諸國。其狀似丁字，因以名之。能辟口氣，郎官咀以奏事。其大者謂之丁香母。丁香母即鷄舌香也。或曰鷄舌香，千年棗實也。（注二）

（注一）丁香學名 Eugenia caryophyllata, Willd.（Jambosa caryophyllus, Ndz.）本書三佛齊闍婆蘇吉丹等條土產中並著錄有之。南毗細蘭等條謂用丁香博易。馬可波羅行紀稱爪哇翠藍嶼二島出產丁香，參看拙譯本下册六四七頁及六六六頁。De Candolle 植物溯源一二八謂丁香出於 Caryophyllus aromaticus, Linné。乃美洛居（Moluccas）羣島之土產——本草拾遺云「鷄舌香與丁香同種。花實叢生，其中心最大者爲鷄舌。擘破有順理而解爲兩向如鷄舌故名乃是母丁香也」唐本草云「鷄舌香樹葉及皮並似栗花如梅花子似棗核此雌樹也不入香用其雄樹雖花不實采花釀之以成香出崑崙及交州愛州以南」海藥本草云「丁香生東海及崑崙國二月三月花開紫白色至七月方始成實小者爲丁香大者如巴豆爲母丁香」圖經本草云「鷄舌香唐本草言其木似栗南越志言是沉香花廣志言是草花蔓生實熟貫之可以香口其說不定今人皆以乳香中揀出木實似棗核者爲之堅頑枯燥絕無氣味燒亦無香用療氣與口臭則甚乖疏不知緣何以爲鷄舌也」

（注二）千年棗一名海棗一名波斯棗即 Phoenix dactylifera 與鷄舌香原爲二物南方草木狀云「海棗樹身無閑枝直聳三四丈樹頂四面共生十餘枝葉如栟櫚五年一實實甚大如杯盌核兩頭不尖雙卷而圓其味極甘美安邑御棗無以加也」本草拾遺云「無漏子即波斯棗生波斯國狀如棗」酉陽雜俎十八云「波斯棗出波斯國呼爲窟莽樹長三四丈圍五六尺葉似土藤不凋二月生花狀如蕉花有兩甲漸漸開罅中有十餘房子長二尺黃白色有核熟則紫黑狀類乾棗味甘如餳可食」窟莽輟耕錄作苦魯麻皆波斯語 Khurmā 之對音也參看本草綱目三一無漏子條。

肉豆蔻

肉豆蔻（注一）出黃麻駐牛崙（注二）等深番樹如中國之柏高至十丈枝榦條枚蕃衍敷廣蔽四五十人春季花開採而曬乾今豆蔻花是也其實如榧子（注三）去其殼取其肉以灰藏之可以耐久按

本草。其性溫。

（注一）肉豆蔻即 Myristica fragrans。本草拾遺云「肉豆蔻生胡國。胡名迦拘勒。大舶來即有。中國無之。其形圓小。皮紫緊薄。中肉辛辣」。迦拘勒殆本阿剌壁語之 kakulah 乃白荳蔻（cardamon）。非肉豆蔻也。可參看本書白荳蔻條。——海藥本草云「生崑崙及大秦國」。圖經本草云「今嶺南人家亦種之。春生苗。夏抽莖。開花結實似豆蔻。六月七月采」——De Candolle 植物溯源三三六頁云「肉豆蔻是美洛居（Moluccas）之土產。尤以萬丹（Banda）諸島爲盛。觀其種類之繁。種植之時閱年必久」

（注二）黃麻駐牛崘。並見本書蘇吉丹條。惟牛崘作牛論。同條附注又作故論。島夷志略爪哇條有巫崙。殆爲其同名異譯。則此牛崘牛論應爲午崘午論之誤。疑指 Gorong 島。黃麻駐或爲美洛居之訛。參看本書蘇吉丹條注六。

（注三）榧子是 Torreya nucifera。一名文木。

降眞香

降眞香（注一）出三佛齊。闍婆。蓬豐。廣東西諸郡亦有之。氣勁而遠。能辟邪氣。泉人歲除。家無貧富。皆爇之如燔柴然。其直甚廉。以三佛齊者爲上。以其氣味清遠也。一名曰紫藤香。（注二）

（注一）降眞香是 laka-wood。本書三佛齊。單馬令。佛囉安。闍婆。蘇吉丹等條並著錄。——海藥本草云「生南海山中及大秦國。其香似蘇枋木。燒之初不甚香。得諸香和之則特美。入藥以番降紫而潤者爲良」。蘇枋木即蘇木。參看本書蘇木條。——本草綱目三四引溪蠻叢話云。「鷄骨香卽降香。」則與沉香中之鷄骨香同名矣。參看本書沉香條注一。——Aug. Henry 中國植物名錄稱降眞香卽 Acronychia laurifolia, Blume, 然中井宗三臺灣林木誌又謂其漢名爲石柃舅。——本書血碣條云降眞香脂俗號假血碣。

(注二)南方草木狀卷中云「紫藤葉細長莖如竹根極堅實重重有皮花白子黑置酒中歷二三十年亦不腐敗其莖截置煙焰中經時成紫香可以降神。」

麝香木

麝香木(注一)出占城眞臘。樹老仆湮沒於土而腐。以熟脫者爲上。其氣依稀似麝。故謂之麝香。若伐生木取之則氣勁而惡。是爲下品。泉人多以爲器用。如花梨木之類。

(注一)譯注。此木無攷他書未見著錄惟東西洋考卷三謂其來自東埔寨然除引一統志「氣似麝臍」一語外別無他說。

波羅蜜

波羅蜜(注一)大如東瓜。外膚礧砢如佛髻。生青熟黃。削其膚食之。味極甘。其樹如榕。其花叢生花褪結子。惟一成實。餘各顦死。出蘇吉丹。廣州南海廟亦有之。(注二)

(注一)譯注。波羅蜜學名 Artocarpus integrifolia。俗稱 jack 馬來語名 chakka。梵語有 panasa, phalasa, kantakaphala, 等稱。初見中國載籍者。似爲隋書八二眞臘 (Kamboja) 傳之婆那娑。其文曰「有婆那娑 (panasa) 樹。無花。葉似柿。實似東瓜。」新唐書二二一上摩揭它 (Magadha) 傳云「貞觀二十一年(六四七)始遣使者自通於天子。獻波羅樹。樹類白楊。」殆亦爲波羅蜜也。——酉陽雜俎十八云「婆那娑樹出波斯國。亦出拂林。呼爲阿蔀嚲。樹長五六丈。皮色青綠。葉極光淨。冬夏不凋。無花結實。其實從樹莖出。大如冬瓜。有殼裹之。殼上有刺。瓤至甘甜可食。核大如棗。一實有數百枚。核中仁如栗黃。炒食之甚美。」——本草綱目三四云「波羅蜜生交趾南番諸國。今嶺南滇南亦有之。樹高五六丈。樹類冬青而黑潤倍之。葉極光淨。冬夏不凋。樹至斗大方結實。不花而實。出於枝間。多者十數枚。少者五六枚。大如冬瓜。外有厚皮裹之。若栗毬。上有軟刺礧砢。五六月熟時。顆重五六斤。剝去外皮殼。內肉層疊如橘囊。食之味至甜美如蜜。香氣滿室。一實凡數百核。核大如棗。其中仁如栗黃。煮炒食之甚佳。果中之大者。惟此與椰子而已。」

(注二)萍洲可談云「南海廟前有大樹生子如冬瓜。熟時解之。其房如芭蕉。土人呼爲波羅蜜。漬之可食。」

檳榔

檳榔(注一)產諸番國及海南四州。交趾亦有之。木如棕櫚。結子葉間如柳條。顆顆叢綴其上。春取之爲軟檳榔。俗號檳榔鮮。極可口。夏秋採而乾之爲米檳榔。漬之以鹽爲鹽檳榔。小而尖者爲雞心檳榔。

大而匾者爲大腹子。（注二）食之可以下氣。三佛齊取其汁爲酒。商船興販。泉廣稅務歲收數萬緡。惟海南最多。鮮檳榔鹽檳榔皆出海南。鷄心大腹子多出麻逸。

（注一）檳榔。馬來語名 pinang 之對音。Telinga 語名 arek 此學名 Areca catechu 之所本也。南方草木狀卷下云「檳榔樹高十餘丈。皮似青桐。節如桂竹。下本不大。上枝不小」。名醫別錄云「檳榔生南海。弘景曰。此有三四種。出交州者形小味甘。廣州以南者形大味澀。又有大者名豬檳榔。皆可作藥。小者名蒳子。俗呼爲檳榔孫。亦可食」。唐本草云「生交州愛州及崑崙」。圖經本草云「今嶺外州郡皆有之。木大如桄榔。而高五七丈。正直無枝。皮似青桐。節似桂枝。葉生木顚。大如楯頭。又似芭蕉葉。其實作房。從葉中出。旁有刺若棘鍼。重疊其下。一房數百實。如鷄子狀。皆有皮殼。其實春生。至夏乃熟。肉滿殼中。色正白」。參看本草綱目三一檳榔條。——嶺外代答卷八云「檳榔生海南黎峒。亦產交阯。木如欏欄。結子葉間。如柳條。顆顆叢綴其上。春取之爲軟檳榔。極可口。夏秋採而乾之爲米檳榔。漬之以鹽爲鹽檳榔。小而尖者爲鷄心檳榔。大而匾者爲大腹子。悉下氣藥也。海商販之。瓊管收其征。歲計居什之五。廣州稅務收檳榔稅。歲數萬緡。推是則諸處所收與人之所取不可勝計矣」——譯注本書注輦麻逸海南等條有檳榔。三佛齊闍婆等條有檳榔酒。

（注二）大腹子亦名豬檳榔。開寶本草云「大腹生南海諸國。所出與檳榔相似。莖葉根幹小異耳」。本草綱目三一大腹子條云「大腹以形名。所以別鷄心檳榔也」。

椰子

椰子（注一）木身葉悉類棕櫚檳榔之屬。子生葉門。一穗數枚。大如五升器。菓之大者惟此與波羅蜜耳。初採皮甚青嫩。已而變黃。久則枯乾。皮中子殼可爲器。子中穰白如玉。味美如牛乳。穰中酒新者極清芳。久則渾濁不堪飲。南毗諸國取其樹花汁用蜜糖和之爲酒。

（注一）椰子卽 Cocos nucifera, Linné. 梵語名 narikela. 馬來語名 kalāpa. 明史三二五和蘭傳名爪哇曰咬𠺕吧。海錄作噶喇叭。皆其對音。蓋島以椰子名也。參看 De Candolle 植物溯源三四五至三五〇頁。——南方草木狀卷下云「椰樹葉如栟櫚。高六七丈。無枝條。其實大如寒瓜。外有麤皮。次有殼。圓而且堅。剖之有白膚。厚半寸。味如胡桃而極肥美。有漿。飲之得醉。俗謂之越王頭。云昔林邑王與越王有故怨。遣俠客刺得其首。懸之於樹。俄化爲椰子。林邑王憤之。命剖以爲飲器。南人至今效之。當刺時越王大醉。故其漿猶如酒云」——開寶本草云「椰子生安南。樹如椶櫚。子中有漿。飲之得醉」圖經本草云「椰子嶺南州郡皆有之。郭義恭廣志云。木似桄榔。無枝條。高丈餘。葉在木末。如束蒲。其實大如瓠。垂於枝間。如掛物然。實外有粗皮。如椶包。皮內有堅殼。圓而微長。殼內有膚。白如豬肪。厚半寸許。味如胡桃。膚內裹漿四五合。如乳。飲之冷而動氣醺人。殼可爲器。肉可糖煎寄遠。作果甚佳」——海藥本草云「按劉欣期交州記云。椰樹狀若海椶。實大如盌。外有粗皮。如大腹子荳蔻之類。肉有漿。似酒。飲之不醉。生雲南者亦好」參看本草綱目三一椰子條。——嶺外代答卷八椰子木條云「椰木身葉悉類椶櫚桄榔之屬。子生葉間一穗數枚枚大如五升器果之大者惟此與波羅蜜耳初採皮甚青嫩已而變黃久則枯乾皮中子殼可爲器子中穰白如玉味美如牛乳穰中酒新者極清芳久則渾濁不堪飲」——譯注本書南毗條云故臨國酒用蜜糖和椰子花汁醞成本草綱目椰子條引梁書云頓遜國有酒樹似安石榴取花汁貯盃中數日成酒殆此類也

沒石子

沒石子（注一）出大食勿斯離其樹如樟歲一開花結實如中國之茅栗名曰沙沒律亦名蒲蘆可採食之次年再生名曰麻茶麻茶沒石子也明年又生沙沒律間歲方生沒石子所以貴售一根而異產亦可怪也

（注一）沒石子卽 Quercus infectoria, Oliv. 首見隋書八三波斯傳作無食子開寶本草始作沒石子炮炙論作墨石子海藥本草作沒食子與本書之麻茶酉陽雜俎之摩澤似均本波斯語之 māzū 梵語作 mājūphala 蓋從波斯語轉出猶言摩澤果也——唐本草云「無食子生西戎沙磧間樹似檉（tamarisk）」海藥本草云「波斯人每食以代果故番胡呼爲沒食子梵書無與沒同音今人呼爲墨石沒石轉傳訛矣」明一統志云「沒石子出大食諸番樹如樟實如中國茅栗（Castanea vulgaris）」——參看本書勿斯離條注二本草綱目三五無食子條 Laufer, Sino-Iranica 三六七至三六九頁

烏樠木

烏樠木（注一）似棕櫚。青綠聳直。高十餘丈。蔭綠茂盛。其木堅實如鐵。可爲器用。光澤如漆。世以爲珍木。

（注一）本條烏樠木皆誤烏樠子今改正按即 Diospyros ebenum 譯注以烏樠爲波斯語 abnūs 之對音亦誤波斯語名出於希臘語之 ebenos 而最古之名稱殆爲埃及語之 heben 中國載籍最古著錄謂出交州似應在南海語中求其對音占城語名 mōkiā 吉蔑語名 mak pen 可參看 Laufer, Sino-Iranica 四八五至四八七頁——古今注云「翳木或作蘙翳木出交州色黑而有文亦謂之烏文木也」本草綱目三五引南方草木狀云「文木樹高七八尺其色正黑如水牛角作馬鞭日南有之」今本南方草木狀無此文參看本草綱目三五烏木條。

蘇木

蘇木（注一）出眞臘國。樹如松柏。葉如冬青。山谷郊野。在在有之。聽民採取。去皮曬乾。其色紅赤。可染緋紫。俗號曰窊木。（注二）

（注一）譯注蘇木是 Caesalpinia sappan 阿剌壁語名曰 bakkam 中世紀西方貿易名此木曰巴西木（Brazil-wood）馬來語名 supang 應爲漢譯蘇枋之所本——南方草木狀卷中云「蘇枋樹類槐（sophora）黃花黑子出九眞南人以染絳漬以大庾之水則色愈深」唐本草云「蘇枋木自南海崑崙來而交州愛州亦有之樹似菴

羅（Mangifera indica）葉若榆葉而無澀抽條長丈許花黃子青熟黑其木人用染絳色」海藥本草引徐表南州記云「生海畔葉似絳木若女貞」瀛涯勝覽暹羅條云「其蘇木如薪之廣顏色絕勝他國出者」

（注二）譯注冬青卽 Ligustrum lucidum 窊木殆爲窊裹木之省稱本書眞臘條眞臘屬國有窊裹——冬青卽女貞與南州記合參看本草綱目三六女貞條

吉貝

吉貝（注一）樹類小桑萼類芙蓉絮長半寸許宛如鵝毳有子數十南人取其茸絮以鐵筋碾去其子卽以手握茸就紡不煩緝績以之爲布最堅厚者謂之兜羅綿次曰番布次曰木棉又次曰吉布或染以雜色異紋炳然幅有闊至五六尺者

（注一）譯注本條蓋採自嶺外代答卷六吉貝條吉貝指草棉卽 Gossypium herbaceum, Linné 是已 de Candolle 植物溯源三二三頁謂原出辛頭（Sindh）梵文名 karpāsa 中國載籍初名白疊或白㲲察合台突厥語（Jagatai Turki）名棉曰 pakhta 疑爲其對音後漢書一一六哀牢夷傳有帛疊注引外國傳曰「諸薄國女子織作白疊花布」梁書五四高昌傳云「草實如繭繭中絲如細纑名爲白疊子國人多取織以爲布布甚軟白交市用焉」法顯佛國記作白㲲至六世紀時又名草棉曰古貝或吉貝蓋從馬來語之 kapas 之對音梁書五四婆利（Bali）傳云「其國人披吉貝如帊及爲都縵」大唐西域記卷二云「其所服者謂憍奢邪（kauśeya）衣及氎布等。憍奢耶者。野蠶絲也。」唐書二二二下環王（Campa）傳云「古貝草也。緝其花爲布。粗曰貝。精曰氎」

案古貝亦有名古終者。本草綱目三六木棉條云「木棉有二種。似木者名古貝。似草者名古終。」嶺外代答謂「精好白色者朝霞也。」案新唐書二二二下訶陵（Java）傳云「以白氎朝霞布爲衣。」殆爲此朝霞之所本。兜羅乃梵文 tūla 之對音。此亦言棉。案棉花之輸入海南。相傳乃一名黃道婆者所爲——嶺外代答卷六吉貝條云「吉貝木如低小桑。枝萼類芙蓉。花之心葉皆細茸。絮長半寸許。宛如柳綿。有黑子數十。南人取其茸絮。以鐵筋碾去其子。卽以手握茸就紡。不煩緝績。以之爲布。最爲堅善。唐史以爲古貝。又以爲草屬。顧古吉字訛。草木物異。不知別有草生之古貝。非木生之吉貝耶。將徽木似草。字畫以疑傳疑耶。雷化廉州及南海黎峒富有。以代絲紵。雷化廉州有織匹幅。長闊而潔白細密者。名曰慢吉貝。狹幅麤疎而色暗者。名曰麤吉貝。有絕細而輕軟潔白。服之且耐久者。海南所織則多品矣。幅極闊。不成端匹。聯二幅可爲臥單。名曰黎單。間以五采。異紋炳然。聯四幅可以爲幕者。名曰黎飾。五色鮮明。可以蓋文書几案者。名曰鞍搭。其長者黎人用以繚腰。南詔所織尤精好。白色者朝霞也。國王服白氎。王妻服朝霞。唐史所謂白氎吉貝朝霞吉貝是也。」——本草綱目三六木綿條云。「木綿有草木二種。交廣木綿。樹大如抱。其枝似桐。其葉大如胡桃葉。入秋開花。紅如山茶花。黃蕊。花片極厚。爲房甚繁。短側相比。結實大如拳。實中有白綿。綿中有子。今人謂之斑枝花。訛爲攀枝花。李延壽南史所謂林邑諸國出古貝花。中如鵝毳。抽其緒紡爲布。張勃吳錄所謂交州永昌木綿樹高過屋。有十餘年不換者。實大如盃。花中綿軟白。可爲縕絮及毛布者。皆指似木之木綿也。江南淮北所種木綿。四月下種。莖弱如蔓。高者四五尺。葉有三尖如楓葉。入秋開花。黃色如葵花而小。亦有紅紫者。結實大如桃。中有白綿。綿中有子。大如梧子。亦有紫綿者。八月采棣。謂之綿花。李延壽南史所謂高昌國有草。實如繭。中絲爲細纑。名曰白疊。取以爲帛。甚軟白。沈懷遠南越志所謂桂州出古終藤。結實如鵝毳。核如珠珣。治出其核。紡爲絲綿。染爲斑布者。皆指似草之木綿也。此種出南番。宋末始入江南。今則徧及江北與中州矣。不蠶而綿。不麻而布。利被天下。其益大哉。又南越志言南詔諸蠻不養蠶。惟收娑羅木子中白絮。紉爲絲。織爲幅。名娑羅籠段。祝穆方輿志言平緬出娑羅樹。大者高三五丈。結子有綿。紉綿織爲白氎兜羅綿。此亦斑枝花之類。各方稱呼不同耳。」

椰心簟

椰心簟（注一）出丹戎武囉。番商運至三佛齊凌牙門及闍婆貿易。又出三嶼蒲哩嚕。（注二）山產草。其狀似藤。長丈餘。紋縷端膩。無節目。名曰椰心草。番之婦女採而絲。破織以爲簟。或用色染紅黑相間者曰花簟。冬溫而夏涼。便於出入。以三佛齊者爲上。三嶼者最爲下。

（注一）譯注。菲律賓織簟雖不及臺灣所織之細。今尚著名。椰心簟他書未見著錄。佩文韻府五八作柳心簟。東西洋考卷三下港（爪哇）物產有藤花簟。云宋時充貢。同書卷四麻六甲（Malakka）物產有蕉心簟。云見星槎勝覽。——今考星槎勝覽無其文。殆爲瀛涯勝覽之誤。此書滿剌加（Malakka）條云「海之洲渚岸邊生一等水草。名茭章（kajang）葉。……人取其葉。織成細簟。止闊二尺。長丈餘。爲席而賣」東西洋考所引華夷考之文應本此。則所謂蕉心簟。應是茭葉簟之誤。而柳心簟亦應是椰心簟之誤也。

（注二）丹戎武囉見本書蘇吉單條。應是 Tanjongpura 之對音。爪哇語浡泥島之稱也。淩牙門見本書三佛齊條。淩牙今 Linga 島。浦哩嚕原誤浦嘿嚕。本書三嶼條作浦哩嚕。據以改正。今呂宋島東岸 Polillo 島之譯名也。

木香

木香（注一）出大食麻囉抹國。施曷奴發（注二）亦有之。樹如中國絲瓜。冬月取其根。剉長一二寸。曬乾。以狀如鷄骨者爲上。

（注一）木香一名蜜香。一名青木香。梵語名 kuṣṭha。拉丁語名 costus。馬來語名 pucho。此今名 putchuk 所自出。蓋馬兜鈴（Saussurea lappa）之根也。原爲客失迷兒（Kashmir）之土產。然檢中西載籍。似不僅印度有之。中國南海阿剌壁波斯等地似亦有之。今波斯語阿剌壁語有 kust。固從梵語矩瑟侘（kuṣṭha）轉出。然足證有其名必有其物也。參看魏書一〇二波斯傳。隋書八三波斯傳。蠻書十。Laufer, Sino-Iranica 462—4。本書弼琶囉國多〻香。注輦條南尼華囉國產上等木香。——名醫別錄云「木香生永昌山谷。弘景曰。此即青木香也。永昌不復貢。今皆從外國舶上來。乃云出大秦國。今皆以合香。不入藥用。」唐本草云「此有二種。當以崑崙來者爲佳。西胡來者不善。葉似羊蹄而長大。花如菊花。結實黃黑。所在亦有之。功用極多。陶云不入藥用。非也。」藥性本草引南州異物志云。「青木香出天竺。是草根。狀如甘草也。」圖經本草云「今惟廣州舶上來。他無所出。根窠大類茄子。葉似羊蹄而長大。亦有如山芋而根大開紫花者。不拘時月。採根芽爲藥。以其形如枯骨。味苦粘牙者爲良。江淮間亦有此種。名土青木香。不堪藥用。蜀本草言孟昶苑中亦嘗種之。云苗高三四尺。葉長八九寸。皺軟而有毛。開黃花。想亦是土木香種也」參看本草綱目十四木香條。

（注二）麻囉抹施曷奴發見本書大食條注九。

白豆蔻

白豆蔻（注一）出眞臘闍婆等番。惟眞臘最多。樹如絲瓜。實如葡萄。蔓衍山谷。春花夏實。聽民從使採取。

（注一）譯注白荳蔻是 Amomum cardamomum, Linné, 乃柬埔寨暹羅爪哇等地之出產。爪哇語名 kapulaga。——本草拾遺云「白豆蔻出加古羅國。呼爲多骨。其草形如芭蕉。葉似杜若。長八九尺而光滑。冬夏不凋。花淺黃色。子作朵如葡萄。初出微青。熟則變白。七月採之」酉陽雜俎十八曾錄其文。伽古羅本草拾遺肉豆蔻條作迦拘勒。新唐書地理志引賈耽皇華四達記有哥古羅。應皆是 kākula 之同名異譯。乃阿剌壁語白荳蔻之稱。蓋物以地名也。——圖經本草云。「今廣州宜州亦有之。不及番舶來者佳。」——嶺外代答卷八豆蔻花條云。「豆蔻多矣。白豆蔻出南蕃。草豆蔻出邕州溪峒。而諸郡山間亦有豆蔻花。最可愛。其葉叢生。如薑葉。其開花抽一幹。有籜包之。籜去有花。一穗蕊數十。綴之悉如指面。其色淡紅。如蓮花之未敷。又如葡萄之下垂。范石湖嘗作詩。有貫珠垂寶絡。翦綵倒鸞枝之句。南人取花。浸以梅汁。日乾之。香味芳美。極有風致。余初見之。意草蔻。而味辛激人。亦取其子爲蜜果」

胡椒

胡椒（注一）出闍婆之蘇吉丹。打板。白花園。麻東。戎牙路。以新拖（注二）者為上。打板者次之。胡椒生於郊野。村落間亦有界闕 中國之葡萄。土人以竹木為棚闕 開花。四月結實。（注三）花如鳳尾。其色青紫。五月收採。曬乾藏之倉廩。次歲方發出。以牛車運載博易。其實不禁日而耐雨旱。則所入者寡。潦則所入倍常。原注・或曰南毗無離拔國至多・番商之販於闍婆・來自無離拔也・（注四）

（注一）譯注椒為 Zanthoxylon 之通稱。中國有種類十餘。胡椒是 Piper nigrum。似首見後漢書一一八天竺傳。魏書一〇二及隋書八三波斯傳亦有著錄。殆波斯商賈從印度販胡椒至中國。因誤識為波斯七產也。中國載籍並著錄有蓽撥。是為 Piper longum。蓋梵語 pippali 之譯音也。——酉陽雜俎十八云「胡椒出摩伽陁（Magadha）國。呼為昧履支（morica）。其苗蔓生。極柔弱。葉長寸半。有細條與葉齊。條上結子。兩兩相對。其葉晨開暮合。合則裹其子於葉中。形似漢椒。至辛辣。六月採。今人作胡盤肉食皆用之」同卷云「蓽撥出摩伽陁國。呼為蓽撥梨（pippali）。拂林國呼為阿梨訶咃。苗長三四尺。莖細如箸。葉似蕺葉。子似桑椹。八月採」——唐本草云「胡椒生西戎。形如鼠李子（Rhamnus japonicus）。調食用之。味甚辛辣」

（注二）闍婆。蘇吉丹。新拖。本書並有專條。打板。白花園。麻東。戎牙路。並附見蘇吉丹條。

（注三）今所見本本條皆有闕文。前段闕文中似有「蔓生如」三字。後段闕文似為「引之正月」四字。

（注四）無離拔應是 Malabar 之譯名本書亦作麻哩抹麻囉拔嶺外代答亦作麻離拔者是也。Yakut 之輿地辭典脫稿於一二二四年先於本書一年名此 Malabar 沿岸曰胡椒地域當時其地蓋以出產胡椒名也。瀛涯勝覽柯枝 (Cochin) 條云「土無他產祇出胡椒人多置園圃種椒爲業每年椒熟本處自有收椒大戶收買置倉盛貯待各處番商來買」又古里 (Calicut) 條云「胡椒山鄉住人置園多種到十月間椒熟採摘曬乾而賣自有收椒大戶來收上官庫收貯若有買者官與發賣」——南海產胡椒似始見本書著錄。Crawfurd 撰印度羣島史第三篇三五八頁列舉出產胡椒之地有大泥 (Patani) 丁家盧 (Tringanu) 吉蘭丹 (Kelantan) 與蘇門答剌沿岸。

華澄茄

華澄茄（注一）樹藤蔓衍春花夏實類牽牛子（注二）花白而實黑曬乾入包出闍婆之蘇吉丹。

（注一）華澄茄一名毗陵茄子見本草綱目三二畢澄茄條卽 Piper cubeba 也本草拾遺云「畢澄茄生佛誓國 (Śrī-vijaya) 狀似梧桐子及蔓荆子而微大」海藥本草云「胡椒生南海諸國向陰者爲澄茄向陽者爲胡椒。按顧微廣州志云澄茄生諸海國乃嫩胡椒也青時就樹采摘柄粗而帶圓」

（注二）牽牛子卽 Ipomaea hodoracea 也。

阿魏

阿魏（注一）出大食木俱蘭（注二）國。其樹不甚高大。脂多流溢。土人以繩束其梢。去其尾。納以竹筒。脂滿其中。冬月破筒取脂。以皮袋收之。或曰其脂最毒。人不敢近。每採阿魏時。繫羊於樹下。自遠射之。脂之毒着於羊。羊斃。卽以羊之腐爲阿魏。未知孰是。姑兩存之。

（注一）阿魏卽 asafoetida。乃合各種植物之脂膠與油而成。其中含脂過半。其脂採自各種繖形植物。如 Ferula, northex, alliacea, foetida, persica & scorodosma 之類。故其學名作 Ferula foetida, Reg. 或 Ferula scorodosma, Bent. & Trim.。多產波斯及鄰近諸地。印度人多以此物爲香料。合飯蔬同食。在藥劑中用爲興奮劑及鎮痙劑。中世波斯語名 anguzad。酉陽雜俎十八作阿虞。截梵語名 hingu。西域記十二作興瞿。唐本草作薰渠。酉陽雜俎十八作形虞。伊蘭語名 angu, angwa。涅槃經之央匱。隋書八三漕國（Jaguḍa）傳之阿魏。殆均本此。本草綱目三四阿魏條引飲膳正要。謂蒙古人謂之哈昔泥。按波斯語亦稱阿魏作 kasni, kisni, gusni。應是此哈昔泥之對音。西域記十二漕矩吒國（Jaguḍa）都城號鶴悉那（Gasna）。酉陽雜俎十八有伽闍那國（Gasna）。皆爲此哈昔泥之古譯。蓋物以地名也。參看 Laufer, Sino-Iranica, 353—362。——唐本草云。「阿魏生西番及崑崙。苗葉根莖酷似白芷（Angelica anomala）。搗根汁日煎作餅者爲上。截根穿暴乾者爲次。體性極臭。而能止臭。亦爲奇物也。又婆羅門云薰渠卽是阿魏。取根汁暴之於膠。或截根日乾。並極臭。西國持呪人禁食之。常食用之云去臭氣。戎人重此。猶俗中貴胡椒。巴人重負𧄍也」——酉陽雜俎十八云。「阿魏。出伽闍那國。卽北天竺也。伽闍那呼爲形虞。亦出波斯國。波斯國呼爲阿虞截。樹長八九尺。皮色靑黃。三月生葉。葉似鼠耳。無花實。斷其枝。汁出如飴。久乃堅凝。名阿魏。拂林國僧彎所說同。摩伽陁（Magadha）國僧提婆言取其汁和米荳屑合成阿魏。」——海藥本草引廣志云「生崑崙國。是木津液。如桃膠狀。其色黑者不堪。其狀黃散者爲上。雲南長河中亦有。如舶上來者。滋味相似一般。只無黃色。」——本草綱目三四阿魏條云「阿魏有草木二種。草者出西域。可曬可煎。蘇恭所說是也。木者出南番。取其脂汁。李珣蘇頌陳承所說是也。按一統志所載有此二種。云出火州（Qarakhoja）及沙鹿海牙（Shahrokia）國者。草高尺許。根株獨立。枝葉如蓋。臭氣逼人。生取其汁熬作膏。名阿魏。出三阿齊（Śrivijaya）及暹邏（Siam）國者。樹不甚高。土人納竹筒于樹內。脂滿其中。冬月破筒取之。或云其脂最毒。人不敢近。每采時。以羊繫於樹下。自遠射之。脂之毒着羊。羊斃卽爲阿魏。觀此則其有二種明矣。」

（注二）木俱蘭卽 Makran 亦古之 Gedrosia 古波斯碑文作 Makā 參看本書大食條注九。

蘆薈

蘆薈（注一）出大食奴發國。草屬也。其狀如鱟尾。土人採而以玉器搗研之。熬而成膏。置諸皮袋中。名曰蘆薈。

（注一）蘆薈乃指 Aloe vulgaris 及其他種類而言。海藥本草云「蘆薈生波斯國。狀似黑餳。乃樹脂也。」圖經本草云「今惟廣州有來者。其木生山野中。滴脂淚而成。采之不拘時月。」本草綱目三四引明一統志云「爪哇三佛齊諸國所出者乃草屬狀如鱟尾采之以玉器搗成膏」一殊未知一統志此條實本諸蕃志惟改大食奴發國爲爪哇三佛齊耳。本書中理條。中理國出蘆薈。按 Socotra 島爲出產 Aloe perryi 之區。中理國之蘆薈殆指此種。至若海藥本草所誌狀似黑餳之蘆薈。疑爲 Aloe abyssinica 樹脂。譯注謂蘆薈是波斯語 alwā 之對音。其說似誤。本草綱目三四蘆薈條。曾錄其異名本草拾遺作訥會。開寶本草作奴會。且言名義未詳。足證中國載籍未言蘆薈之名出於波斯語也。按波斯語名出於阿剌壁語之 alua。而阿剌壁語名又本於希臘語之 aloe。蘆薈既產在非洲或阿剌壁沿岸。唐時輸入中國。似從印度南海轉販而來。印度習用之名稱有 alia, ilva, eilya, olio, yalva 等名稱。馬來語作 aliva。應皆從希臘阿剌壁語名 alua, alwā 轉化而成。海藥本草之波斯國。殆爲南海中之波斯國。而蘆薈訥會奴會甚至本條之奴發。皆爲此類名稱之省譯也。奴發國名見本書大食條譯注考作 Zufar。未能必其是也。參看 Laufer, Sino-Iranica, 480—481.

珊瑚樹

珊瑚樹（注一）出大食毗喏耶（注二）國。樹生於海之至深處。初生色白。漸漸長苗拆甲。歷一歲許。色間變黃。支格交錯。高極三四尺。大者圍尺。土人以絲繩繫五爪鐵錨兒。用烏鉛爲墜。抛擲海中。發其根。以索繫於舟上。絞車搭起。不能常有。蓦得一枝。肌理軟膩。見風則乾硬。變爲乾紅色。以最高者爲貴。若失時不舉。則致蠹敗。

（注一）珊瑚首見三國志三十引魏略西戎傳。及漢書一一八。並云出大秦國。唐本草云。「珊瑚生南海。又從波斯國及師子國來。」圖經本草云。「今廣州亦有。云生海底。作枝柯狀。明潤如紅玉。中多有孔。亦有無孔者。枝柯多者更難得。采無時。謹案海中經云。取珊瑚。先作鐵網沉水底。珊瑚貫中而生。歲高三二尺。有枝無葉。因絞網出之。皆摧折在網中。故難得完好者。不知今之取者果爾否。漢積翠池中有珊瑚。高一丈三尺。一本三柯。上有四百六十條。云是南越王趙佗所獻。夜有光景。晉石崇家有珊瑚高六七尺。今並不聞有此高大者。」本草衍義卷五云。「珊瑚有紅油色者。細縱文可愛。有如鉛丹色者。無縱文。爲下品。入藥用紅油色者。波斯國海中有珊瑚洲。海人乘大舶墮鐵網水底取之。珊瑚所生磐石上。白如菌。一歲而黃。二歲變赤。枝榦交錯。高三四尺。人沒水以鐵發其根。繫網舶上。絞而出之。失時不取則腐蠹。」新唐書二二一下拂菻傳所錄珊瑚洲之文與此同。所本者應爲同一書。

（注二）毗喏耶見本書大食條。譯注考作非洲北部。本書默伽臘條云。「海水深二十丈。產珊瑚樹。」可以參證。然本書勿廝離條。三嶼條。後蒲哩嚕條。並云其地產珊瑚。

琉璃

琉璃（注一）出大食諸國。燒煉之法與中國同。其法用鉛硝石膏燒成。大食則添入南鵬砂。故滋潤不烈。最耐寒暑。宿水不壞。以此貴重於中國。

（注一）琉璃。一作瑠璃。一作流離。一作璧流離。一作吠瑠璃。蓋爲梵文雅語 vaidurya 或梵文俗語 voluriya 之對音。

古義猶言青色寶。後爲有色玻璃之稱。漢書九六罽賓（Kashmir）傳璧流離注云。「孟康曰。流離青色如玉。師古曰。魏略云大秦國出赤白黑黃青綠縹紺紅紫十種流離。孟言青色。不博通也。此蓋自然之物。采澤光潤。踰於衆玉。其色不恆。今俗所用。皆銷冶石汁。加以衆藥。灌而爲之。尤虛脆不貞。實非眞物。」——魏書一〇二大月氏傳云。「世祖時。其國人商販京師。自云能鑄石爲五色瑠璃。於是採礦山中。於京師鑄之。既成。光澤乃美於西方來者。乃詔爲行殿。容百餘人。光色映徹。觀者見之。莫不驚駭。以爲神明所作。自此中國瑠璃遂賤。人不復珍之。」——本草拾遺引南州異物志云。「琉璃本質是石。以自然灰治之。可爲器。石不得此。則不可釋。佛經所謂七寶者。（此下應脫金銀二字）琉璃。車渠。馬腦。玻瓈。眞珠是也。」——透明者梵語名 sphaṭika。此土譯名作頗梨。或作塞頗胝迦。或作窣坡致迦。卽今之玻璃或玻瓈也。本書白達吉慈尼蘆眉等條有碾花琉璃。亦爲不透明玻璃之一種。本書細蘭條有玻瓈。注輦條有玻璃。則指透明者也。

猫兒睛

猫兒睛（注一）狀如母指大。卽小石也。瑩潔明透如猫兒眼。故名。出南毗國。國有江曰淡水江。諸流迤匯。深山碎石爲暴雨淜流。悉萃於此。官以小舸漉取。其圓瑩者卽猫兒睛也。或曰有星照其地。秀氣鍾結而成。

（注一）譯注。細蘭島人以猫兒睛爲本島特產。頗以自豪。其實南印度故臨（Quilon）柯枝（Cochin）等地亦有出者其質之佳與細蘭所產等本書細蘭條言此島產猫兒睛然本條之文盡本南毗條——可參看南毗條注四。

眞珠

眞珠（注一）出大食國之海島上又出西難監篦（注二）二國廣西湖北（注三）亦有之但不若大食監篦之明淨耳每採珠用船三四十隻船數十人其採珠人以麻繩繫身以黃蠟塞耳鼻入水約二三十餘丈繩纏於船上繩搖動則引而上先煑毳衲極熱出水則急覆之不然寒慄致死或遇大魚蛟鼉諸海怪鬐鬣所觸往往潰腹折支人見血一縷浮水面則知已葬魚腹嘗有採珠者繩動而引之不上衆極力舉之足已爲蛟鼉所斷矣所採者曰珠母番有官監視隨其所採籍其名掘地爲坎置諸坎中月餘珠母殼腐取珠淘淨與採珠者均之珠大率以圓潔明淨者爲上圓者置諸盤中終日不停番商多置夾襦內及傘柄中規免抽解

（注一）譯注梵語謂珠曰摩尼（mani）突厥語有 janchu 得爲眞珠之對音古突厥文碑有 janchu-uguz 華言眞珠河（新唐書二二一下石國傳西南有藥殺水入中國謂之眞珠河）——圖經本草云「今出廉州北海亦有之生於珠牡亦曰珠母蚌類也案嶺表錄異云廉州邊海中有洲島島上有大池謂之珠池每歲刺史親監珠戶入池采老蚌剖取珠以充貢池雖在海上而人疑其底與海通池水乃淡此不可測也土人採小蚌肉作脯食亦往往得細

珠如米乃知此池之蚌大小皆有珠也而今人取珠牡者云得之海旁不必是池中也其北海珠蚌種類小別人取其肉或有得珠者不甚光瑩亦不常有不堪入藥又蚌中一種似江珧者腹亦有珠皆不及南海者奇而且多」——嶺外代答卷七云「合浦產珠之地名曰斷望池在海中孤島下去岸數十里池深不十丈蜑人沒而得蚌剖而得珠取蚌以長繩繫竹籃攜之以沒既拾蚌於籃則振繩令舟人汲取之沒者亟浮就舟不幸遇惡魚一縷之血浮於水面舟人慟哭知其已葬魚腹也亦有望惡魚而急浮至傷股斷臂者海中惡魚莫如刺紗謂之魚虎蜑所甚忌也」

（注二）西難應是細蘭之別譯本書細蘭與藍無里合爲一條監篦見三佛齊條本書著錄產珠之地尚有闍婆注輦甕蠻記施廝逸等地——Edrisi 書第一編三七五頁云「波斯灣中採珠之場三百採者居 Awal 島上此島都城名 Bahrein」按此 Bahrein 元史西北地附錄作八哈剌因參看馬可波羅行紀下册六七九至六八〇頁瀛涯勝覽錫蘭條

（注三）湖北疑爲合浦之誤宋史八九廉州屬廣南西路而合浦爲廉州首邑本條注一引圖經本草云出廉州嶺外代答云產合浦故知廣西湖北是廣西合浦之誤也

硨磲

硨磲（注一）出交趾國狀似大蚌沿海人磨治其殼因其形爲荷葉杯膚理瑩潔如珂玉其最大者琢其根柢爲杯有厚三寸者脫落碎瑣猶爲環珮諸玩物按佛書以此爲至寶今乃海錯耳未審是古硨

硨磲。

（注一）硨磲原作車渠。尚書大傳云。大貝如車之渠。梵語名作 musāragalva。此言青白色寶。海藥本草云。「車渠云是玉石之類。生西國。形如蚌蛤。有文理。西域七寶。此其一也。」桂海虞衡志云。「車磲似大蚌。海人磨治其殼爲諸玩物。」夢溪筆談云。「車渠大者如箕。背有渠壟如蚶殼。以作器。緻如白玉。」嶺外代答卷七云。「南海有蚌屬曰硨磲。形如大蚶。盈三尺許。亦有盈一尺以下者。惟其大之爲貴。大則隆起之處。心厚數寸。切磋其厚。可以爲杯。甚大。雖以爲瓶可也。其小者猶可以爲環珮花朵之屬。其不盈尺者。如其形而琢磨之以爲杯。名曰瀲灩。則無足尚矣。佛書所謂硨磲者。玉也。南海所產。得非竊取其名耶。」——譯注。硨磲似非華言。疑出譯語。回紇語有 tschekn。螺旋大貝也。珍同寶石。——案車渠名稱早見尚書大傳。回紇語名疑出漢語。

象牙

象牙（注一）出大食諸國。及眞臘占城二國。以大食者爲上。眞臘占城者爲下。大食諸國惟麻囉抹（注二）最多。象生於深山窮谷中。時出野外蹂踐。人莫敢近。獵者用神勁弓。以藥箭射之。象負箭而遁。未及一二里許。藥發卽斃。獵者隨斃取其牙。埋諸土中。積至十餘株。方搬至大食。以舟運載與三佛齊日囉亭（注三）交易。大者重五十斤至百斤。其株端直。其色潔白。其紋細籀者。大食出也。眞臘占城所產。株小色紅。重不過十數斤至二三十斤。又有牙尖。止可作小香疊用。或曰象媒誘致。恐此乃馴象也。

〔注一〕圖經本草云。「爾雅云。南方之美者有梁山之犀象焉。今多出交趾潮循諸州。彼人捕得爭食其肉。……世傳荊蠻山中亦有野象。然楚粵之象皆青黑。惟西方拂菻大食諸國乃多白象。樊綽雲南記皆言其事。」眞臘風土記云。「象牙則山僻人家有之。每一象死。方有二牙。舊傳謂每歲一換牙者。非也。其牙以標而殺之者上也。自死而隨時爲人所取者次之。死於山中多年者斯爲下矣。」參看本書大食條。——嶺外代答卷九云。「交阯山中有石室。唯一路可入。周圍皆石壁。交人先置芻豆于中。驅一雌馴象入焉。乃布甘蔗于道。以誘野象。象來食蔗。則縱馴雌入野象羣誘之以歸。既入。因以巨石窒其門。野象饑甚。人乃緣石壁飼馴雌。野象見雌得飼。始雖畏之。終亦狎而求之。益狎。人乃鞭之以箠。少馴則乘而制之。凡制象必以鉤。交人之馴象也。正跨其頸。手執鐵鉤。以鉤其頭。欲象左。鉤頭右。欲右。鉤左。欲卻。鉤額。欲前。不鉤。欲象跪伏。以鉤正案其腦。復重案之。痛而號鳴。人見其號也。遂以爲象能聲喏焉。人見其羣立而行列齊也。不知其有鉤以前卻左右之也。蓋象之爲獸也。形雖大而不勝痛。故人得以數寸之鉤馴之。久久亦解人意。見乘象者來。低頭跪膝。人登其頸。則奮而起行。象頭不可俯。頸不可回。口隱於頤。去地猶遠。其飲食運動。一以鼻爲用。鼻端深大。可以開閉。其中又有小肉夾。雖芥子亦可拾也。每以鼻取食。即就爪甲擊去泥垢。而後捲以入口。其飲水亦以鼻吸。而捲納諸口。村落小民新蒭熟。野象逐香而來。以鼻破壁而入飲。人之大患也。象足如柱。無指而有爪甲。登高山下峻阪。渡深水。其形擁腫。而乃捷甚。交人呼而驅之。似能與之言者。貢象之役。一象不甚馴。未幾病死。呻吟數日。將死。回首指南而斃。其能正首邱如此。是亦非凡獸也。欽州境內亦有之。象行必有熟路。人於路傍木上施機刃。下屬於地。象行觸機。機刃下盤其身。苟中其要害必死。將死以牙觸石折之。知牙之爲身災也。苟非要害。則負刃而行。肉潰刃脫乃已。非其要害而傷其鼻者亦死。蓋其日用無非鼻。傷之則瘵有可合。能致死也。亦有設陷穽殺之者。去熟路丈餘。側斜攻土以爲穽。使路如舊而象行不疑。乃墮穽中。世傳象能先知地之虛實。非也。第所經行。必無虛土耳。象目細畏火。象羣所在。最害禾稼。人倉卒不能制。以長竹繫火逐之乃退。象能害人。羣象雖多不足畏。惟可畏者獨象也。不容於羣。故獨行無畏。遇人必肆其毒。以鼻捲人擲殺。則以足蹙人血透肌。而以鼻吸飲人血。人殺一象。衆飽其肉。惟鼻肉最美。爛而納諸糟邱。片腐之食物之一雋也。象皮可以爲甲。堅甚。人或條截其皮。硾直而乾之。治以爲杖。至堅。善云」

（注二）本書卷上大食。卷下沒藥。木香等條之麻囉抹。與此麻囉抹。暨南毗條之麻哩抹。應皆是麻囉拔之誤。出產象牙之地。要以弼琶囉層拔等國爲最多。麻囉拔（Malabar）殆爲屯積之地。嶺外代答卷三云。「大食國之來也。以小舟運而南行至故臨（Quilon）國。易大舟而東行至三佛齊國」此故臨卽在麻囉拔境內。—— Masudi 金珠原第三編八頁云。「僧祇（Zangi）取牙殺象甚衆。運牙至甕蠻（Oman）。復由此運載至印度及中國。是故運至回教諸國者甚寡。」

（注三）日囉亭見本書三佛齊條注十二。譯注採 Gerini 說。以當蘇門答剌島今詹卑（Jambi）城西南之 Jelatang。誤也。

犀角

犀（注一）狀如黃牛。只有一角。皮黑毛稀。舌如粟殼。其性鷙悍。其走如飛。專食竹木等刺。人不敢近。獵人以硬箭自遠射之。遂取其角。謂之生角。或有自斃者。謂之倒山角。角之紋如泡。以白多黑少者爲上。

（注一）嶺表錄異云「犀牛大約似牛而豬頭。脚似象。蹄有三甲。二角。一在額上爲兕犀。一在鼻上較小爲胡帽犀。鼻上者皆窘束而花點少。多有奇文。牯犀亦有二角。皆謂毛犀。俱有粟文。堪爲腰帶。千百犀中或遇有通者。花點大小奇異。固無常定。有偏花路通。有頂花大而根花小者。謂之倒插通。此二種亦五色無常矣。若通白黑分明。花點差奇。則計價巨萬。希世之寶也。又有墮羅犀。犀中最大。一株有重七八斤者。云是牯犀。額上有心花。多是撒豆斑。色深者堪爲胯。其斑散而淺者。即製爲杯盤器皿之類。」按墮羅犀殆指墮和羅國出產之犀。墮和羅見新唐書二二二下。西域記卷十作墮羅鉢底（Dvaravati）。今暹羅南部也。——圖經本草云。「犀角今以南海者爲上。黔蜀者次之。犀似水牛。豬首。大腹。卑脚。脚似象。有三蹄。黑色。舌上有刺。好食棘刺。皮上每一孔生三毛。如豕。有一角二角三角者。爾雅云。兕似牛。犀似豕。郭璞注云。兕一角。色青。重千斤。犀似水牛。三角。一在頂上。一在額上。一在鼻上。鼻上者食角也。又名奴角。小而不㰖。亦有一角者。……唐醫吳士皐言海人取犀。先於山路多植朽木。如豬羊棧。其犀前脚直。常依木而息。爛木忽然折倒。仆久不能起。因格殺之。又云犀每歲一退角。必自埋於山中。海人潛作木角易之。再三不離其處。若直取之。則後藏於別處。不可尋矣。」參看本草綱目五一犀條。——本書交趾占城單馬令淩牙斯加闍婆天竺弼琶囉等條皆誌有犀。而弼琶囉犀角重十餘斤。——Masudi 金珠原第一編三八五頁謂彼時中國與印度之 Rahma 國犀角貿易甚盛。按 Rahma 指緬甸西南部昔白古國也。參看本書蒲甘條注一。

膃肭臍

膃肭臍（注一）出大食伽力吉（注二）國。其形如猾。脚高如犬。其色或紅或黑。其走如飛。獵者張網於海濱捕之。取其腎而漬以油。名膃肭臍。番惟渤泥最多。

（注一）載籍所誌膃肭。爲說非一。說文作骨豽。唐韻一作骨貀。本草拾遺曰。「骨豽獸生西番突厥國。胡人呼爲阿慈勃他你。其狀似狐而大。長尾。臍似麝香。黃赤色。如爛骨。」藥性本草云。「膃肭臍是新羅國海內狗外腎也。連而取之。」海藥本草云。「按臨海志云。出東海水中。狀若鹿形。頭似狗。長尾。每日出卽浮在水面。崑崙家以弓矢射之。取其外腎陰乾。百日味甘香美也。」圖經本草云。「今東海旁亦有之。舊說似狐長尾。今滄州所圖。乃是魚類。而豕首兩足。其臍紅紫色。上有紫斑點。全不相類。醫多用之。異魚圖云。試其臍。于臘月衝風處置盂水浸之。不凍者爲眞也。」炮炙論云。「膃肭臍多僞者。海中有獸號曰水烏龍。海人取其腎以充膃肭臍。其物自別。眞者有一對則兩重薄皮裹丸核。其皮上自有肉黃毛。一穴三莖。收之器中。年年溼潤如新。或置睡犬頭上。其犬忽驚跳若狂者爲眞也。」本草衍義云。「今出登萊州。其狀非狗非獸。亦非魚也。但前脚似獸。而尾卽魚。身有短密淡青白毛。毛上有深青黑點。久則亦淡。腹脅下全白色。皮厚韌如牛皮。邊將多取以飾鞍韉。其臍治腹臍積冷。衰脾腎勞。極有功。不待別試也。似狐長尾之說。今人多不識之。」參看本草綱目五一膃肭獸條。——譯注。綜考諸說。以膃肭所指之物有三。一爲香狸（civet）。胡名阿慈勃他你。考爲 al-zabād 之對音。阿剌壁語香狸之稱也。二爲海狸（beaver）。東突厥語貂屬（martin or skunk）

曰 kuna。俄羅斯語作 kunitsa。殆爲骨貂或骨納之對音。疑漢譯名概括一切貂屬。並指海狸而言。三爲海狗(seal)即炮炙論之水烏龍也。

(注二)伽力吉今 Kalhat 考見本書大食條。——譯注香狸爲 Somali 沿岸 Zeila 港之一重要出品。其地即本書之弼琶囉也。

翠毛

翠毛(注一)眞臘最多。產於深山澤間。巢於水次。一壑之水止一雌雄。外有一焉。必出而死鬬。人用其機。飼媒擎諸左手以行。巢中者見之。就手格鬬。不復知有人也。左手即以羅掩之。無能脫者。邕州右江亦產一種翡翠。其背毛悉是翠茸。窮侈者多以撚織。如毛段然。比年官雖厲禁。貴人家服用不廢。故番商冒法販鬻。多寘布襦袴中。

(注一)翠毛翡翠之羽毛 (kingfishers' feathers) 也。本條幾盡本嶺外代答卷九翡翠條。原文云「翡翠產於深廣山澤間。穴巢于水次。一壑之水止一雌雄。外有一焉。必爭而鬬死。人乃用其機。養一媒擎諸左手以行澤中。翡翠見之。就手格鬬。不復知有人也。乃以右手取羅掩之。無能脫者。邕州右江產一等翡翠。其背毛悉是翠茸。窮侈者用以撚織」。本草拾遺魚狗條云「此即翠鳥也。穴土爲窠。大者名翠鳥。小者名魚狗。青色似翠。其尾可爲飾。亦有斑白者。俱能水上取魚」。眞臘風土記云「翡翠其得也頗難。蓋叢林中有池。池中有魚。翡翠自林中飛出求魚。番人以樹葉蔽身而坐水濱，籠一雌以誘之，手持小網，伺其來則罩，有一日獲三五隻，有終日全不得者。」參看本草綱目四七魚狗條。

鸚鵡

鸚鵡（注一）產占城。有五色。唐太宗時環王所獻是也。案傳謂能訴寒。有詔還之。環王國即占城也。（注二）欽州有白鸚鵡。紅鸚鵡。大如小鵝。羽毛有粉。如蝴蝶翅。謂之白鸚鵡。其色正紅。尾如烏鳶之尾。謂之紅鸚鵡。（注三）

（注一）本草綱目四九鸚䳇條云「鸚䳇有數種。綠鸚䳇出隴蜀。而滇南交廣近海諸地尤多。大如烏鵲。數百羣飛。南人以為鮓食。紅鸚䳇紫赤色。大亦如之。白鸚䳇出西洋南番。大如母雞。五色鸚䳇出海外諸國。大於白而小於綠者。性尤慧利。俱丹咮鉤吻。長尾赤足。金睛深目。上下目瞼皆能眨動。舌如嬰兒。其趾前後各二。異於衆鳥。其性畏寒。即發顫如瘴而死。飼以餘甘子可解。」——譯注廣東新語卷二十。鸚鵡別種名唰哥。又名唰唰。應皆是阿剌壁語 babaga 之對音。

（注二）新唐書二二二下環王（Campa）傳。貞觀時。王頭黎（Kandarpadharma）「又獻五色鸚鵡白鸚鵡。數訴寒。有詔還之」

（注三）本條亦出嶺外代答卷九。原文云「占城產五色鸚鵡。唐太宗時環王所獻是也。案傳謂能訴寒。有詔還之。環王國即占城也。余在欽。嘗于聶守見白鸚鵡紅鸚鵡。白鸚鵡大如小鵝。羽毛有粉。如蝴蝶翅。紅鸚鵡其色正紅。尾如烏鳶之尾。

然皆不能言徒有其表爾欽州富有鸚哥頗慧易教土人不復雅好唯福建人在欽者時或敎之歌乃眞成閩音此禽南州羣飛如野鳥舉網掩羣鬻以爲鮓物之不幸如此」

龍涎

龍涎（注一）大食西海多龍枕石一睡涎沫浮水積而能堅鮫人採之以爲至寶新者色白稍久則紫甚久則黑（注二）不薰不蕕似浮石而輕也人云龍涎有異香或云龍涎氣腥能發衆香皆非也龍涎於香本無損益但能聚煙耳和香而用眞龍涎焚之一縷翠煙浮空結而不散座客可用一剪分煙縷此其所以然者蜃氣樓臺之餘烈也

（注一）龍涎香英語名 ambergris 蓋出阿剌壁語 'anbar 本書弼琶囉條注一引酉陽雜俎有阿末香瀛涯勝覽祖法兒 (Zufar) 條有俺八兒香皆此 'anbar 之古譯譯注引西使記之撒八兒 (shahbari) 謂亦爲龍涎香之別稱本書中理條云「其龍涎不知所出忽見成塊或三五斤或十斤飄泊岸下土人競分之或船在海中蓦見採得」——是知昔之龍涎多出自非洲東岸島夷志略有龍涎嶼以出龍涎得名舊考以當今蘇門答剌西北角之 Pulo Bras 島汪大淵記有云「涎之色或黑於烏香或類於浮石聞之微有腥氣然用之合諸香則味尤清遠雖茄藍木梅花腦檀麝梔子花沉速木薔薇水衆香必待此以發之此地前代無人居之間有他番之人用完木鑿舟駕使以拾之轉鬻於他國貨以金銀之屬博之」——本草綱目四三龍涎條云「龍涎方藥鮮用惟入諸香云能收腦麝數十年不散

又言焚之則翠煙浮空出西南海洋中云是春間羣龍所吐涎沫浮出番人採得貨之每兩千錢亦有大魚腹中剖得者其狀初若脂膠黃白色乾則成塊黃黑色如百藥煎而膩理久則紫黑如五靈脂而光澤其體輕飄似浮石而腥臊」

（注二）嶺外代答卷七龍涎條此下多「因至番禺嘗見之」七字餘文盡同。

瑇瑁

瑇瑁（注一）形似龜黿背甲十三片黑白斑紋間錯邊襴缺齧如鋸無足而有四鬣前長後短以鬣掉水而行鬣與首斑文如甲老者甲厚而黑白分明少者甲薄而花字糢糊世傳鞭血成斑妄也漁者以秋間月夜採捕肉亦可喫出渤泥三嶼蒲哩嚕（注二）闍婆諸國。

（注一）本草拾遺云「瑇瑁生嶺南海畔山水間大如扇似龜甲中有文」嶺表錄異云「瑇瑁形狀似龜惟腹背甲有紅點」圖經本草云「今廣南皆有龜類也大者如盤其腹背甲皆有紅點斑文入藥須用生者乃靈凡遇飲食有毒則必自搖動死者則不能神矣今人多用雜龜筒作器皿皆殺取之又經煮拍故生者殊難得」桂海虞衡志云「形似龜黿鼊背甲十三片黑白斑文相錯鱗差以成一背其邊裙闌闕齧如鋸齒無足而有四鬣前二鬣長狀如檝後兩鬣極短其上皆有鱗甲以四鬣櫂水而行海人養以鹽水飼以小鱗俗傳甲子庚申日輒不食謂之瑇瑁齋日其說甚俚」嶺外代答卷十鼊瑇瑁條云「欽海有介屬曰鼊大如車輪皮裏有薄骨十三如瑇瑁今人用以爲鞄刀筒子者是也瑇瑁

背甲亦十三片。自然成斑紋。世言鞭血成斑。斯言妄矣」本書弼琶囉條云「瑇瑁至厚。他國悉就販焉」

（注二）蒲哩嚕見本書三嶼條。本條誤哩作嘌。今改正。

黃蠟

黃蠟（注一）出三嶼麻逸眞臘三佛齊等國。蜂生於深山窮谷中。或窠老樹。或窠芭蕉樹。或窠巖穴。較諸中國之蜂差大而黑。番民以皮鞔軀。先用惡草作煙。迫逐羣蜂飛散。隨取其窠。擠去蜜。其滓卽蠟也。鎔範成磚。或雜灰粉鹽石。以三佛齊者爲上。眞臘次之。三嶼麻逸蒲哩嚕（注二）爲下。

（注一）眞臘風土記云「黃蠟出於村落朽樹間。其一種細腰蜂如螻蟻者。番人取而得之。每一船可收二三千塊。每塊大者三四十斤。小者亦不下十八九斤」本草綱目三九蜜蠟條云「蠟乃蜜脾底也。取蜜後煉過。濾入水中。候凝取之。色黃者俗曰黃蠟。煎煉極淨。色白者爲白蠟。非新則白而久則黃也。與今時所用蟲造白蠟不同」——譯注。出產黃蠟之地。除本條著錄者外。本書尚著錄有交趾單馬令渤泥流求海南等地。海南出產者最劣。

（注二）蒲哩嚕見本書三嶼條。本條誤哩作嘌。今改正。

海南

海南（注一）漢朱崖儋耳也。武帝平南粵。遣使自徐聞原注·今雷州徐聞縣·渡海。略地置朱崖儋耳二郡。昭帝省儋耳併爲朱崖郡。元帝從賈捐之議。罷朱崖。至梁隋復置。唐貞觀元年析爲崖儋振三州。隸嶺南道。五年分崖之瓊山置郡。陞萬安縣爲州。今萬安軍是也。儋振則今之吉陽昌化軍是也。貞元五年以瓊爲督府。今因之。徐聞有遞角場。與瓊對峙。相去約三百六十餘里。順風半日可濟。中流號三合溜。涉此無風濤。則舟人舉手相賀。至吉陽。迺海之極。亡復陸塗。外有洲。曰烏里。曰蘇吉浪。南對占城。西望眞臘。東則千里長沙。萬里石牀。渺茫無際。天水一色。舟舶來往。惟以指南針爲則。晝夜守視唯謹。毫釐之差。生死繫焉。四郡凡十一縣。悉隸廣南西路。環拱黎母山。黎獠蟠踞其中。有生黎熟黎之別。地多荒田。所種秔稌。不足於食。乃以藷 原注・時諸切・ 芋雜米作粥糜以取飽。故俗以貿香爲業。土產沉香。蓬萊香。鷓鴣斑香。箋香。生香。丁香。檳榔。椰子。吉貝。苧麻。楮皮。赤白藤。花縵。黎幙。青桂木。花梨木。海梅脂。瓊枝菜。海漆。蓽撥。高良薑。魚鰾。黃蠟。石蟹之屬。其貨多出於黎峒。省民以鹽鐵魚米轉博與商賈貿易。泉舶以酒米麵粉紗絹漆器瓷器等爲貨。歲杪或正月發舟。五六月間回舶。若載鮮檳榔搶先。則四月至。

瓊州在黎母山之東北。郡治卽古崖州也。政和間陞爲節鎮。以靖海軍爲額。瀕海少山。秋霖春旱。夏不極熱。冬不甚寒。多颶風。常以五六月發。有暈如虹者。謂之颶母。按隋志謂人性輕悍。椎髻卉裳。刻木爲符。力穡朴野。父子別業。豪黠共鑄銅爲大鼓。初成懸於庭。鳴鼓以招同類。至者如雲。羣情趨服者。號爲都老。人著紬緶。以土爲釜。瓠匏爲器。無麯蘖。以安石榴花醞釀爲酒。今之上衣無異中土。惟下裳男子用布縵。女子用裙。以紡貝爲生。土釜至今用之。瓠瓢間以鄭水酒。用薯糧以變色。雖無富民。而俗尚儉約。故無惸獨。凶年不見丐者。丁晉公嘗貶爲州司戶。教民讀書著文。慶歷間。宋侯貫之創郡庠。嘉定庚午。趙侯汝廈新之。祠東坡蘇公。澹庵胡公於講堂之東西偏。扁其堂曰明道。海口有漢兩伏波廟。路博德。馬援祠也。過海者必禱於是。得环珓之吉而後敢濟。屬邑五。瓊山。澄邁。臨高。文昌。樂會。皆有市舶。於舶舟之中分三等。上等爲舶。中等爲包頭。下等名蜑船。至則津務申州。差官打量丈尺。有經冊以格稅錢。本州官吏兵卒仰此以贍。西二百三十六里抵昌化軍治。

昌化在黎母山之西北。卽古儋州也。子城高一丈四尺。周迴二百二十步。舊經以爲儋耳夫人驅鬼工供畚鍤。一夕而就。或謂土人耳長至肩。故有儋耳之號。今昌化卽無大耳兒。蓋黎俗慕佛。以大環墜耳。俾下垂至肩故也。地無煙瘴水潦之患。氣候與中州異。羣花皆早發。至春時已盡。獨荷花自四五月開至窮臘與梅菊相接俗尙淳朴儉約婦人不曳羅綺不施粉黛婚姻喪祭皆循典禮無饑寒之民學在東南隅後遷於西紹興間復遷于城東參政李公光爲之記去州十五里地名蕃場忠簡趙公鼎謫吉陽嘗過斯地盛暑苦旱井泉枯竭鑿井不數尺得泉至今不涸號曰相泉又有白馬井泉味甘美商舶回日汲載以供日用靈濟廟在鎭安門內卽儋耳夫人祠也紹興間封顯應夫人海外黎峒多竊發惟儋獨全夫人之力也城西五十餘里一石峰在海洲巨浸之間形類獅子俗呼獅子神實貞利侯廟商舶祈風于是屬邑三曰宜倫曰昌化曰感恩南三百四十里抵吉陽軍界

吉陽軍在黎母山之西南郡治州吉陽縣基也瓊管雖有陸路可通然隔越生黎必峒再涉海而後至胡澹庵謂再涉鯨波險是也郡治之南有海口驛商人艤舟其下前有小亭爲迎送之所地狹民稀氣候不正春常苦旱涉夏方雨耕種不糞不耘樵牧漁獵與黎獠錯雜出入必持弓矢婦人不事蠶桑惟織吉貝花被縵布黎幕男子不喜營運家無宿儲俗尙鬼不事醫藥病則宰牲牷動鼓樂以祀謂之作福禁人造門喪祭亦皆用樂地多崇岡峻嶺峰巒秀拔故郡之士人間有能自立者學在郡城之東北去城十三里有石面平如掌非磨琢之工所能爲周圍數丈可坐十客林木茂密澗水甘冽周侯創結

茅亭其上，扁曰清賞，熟黎峒落稀少，距城五七里許，外即生黎所居，不啻數百峒，時有侵擾之害，周侯遣熟黎峒首諭之。約定寅酉二日爲虛市。率皆肩擔背負，或乘桴而來。與民貿易。黎人和悅。民獲安息。領吉陽寧遠二縣。政和間併爲寧遠一縣。東一百二十里抵萬安軍界。

萬安軍在黎母山之東南。唐貞觀五年置萬安州。領縣三。曰萬安富雲博遼。天寶初更州爲郡。至德二載更爲萬全。乾元初復爲州。皇朝省富雲博遼二縣。更萬安縣曰萬寧。熙寧六年更爲軍。析萬寧爲陵水。今萬寧陵水是也。民與黎蜑雜居。其俗質野而畏法。不喜爲盜。牛羊被野。無敢冒認。居多茅竹。瓦屋絶少。婦媼以織貝爲業。不事文繡。病不服藥。信尚巫鬼。殺牲而祭。以祈福佑。黃侯申首創藥局。人稍知服藥之利。城有舶主都綱廟。人敬信。禱卜立應。舶舟往來。祭而後行。三郡士子當歲大比。皆附試于瓊管。

黎。海南四郡島上蠻也。島有黎母山。因祥光夜見。旁照四郡。按晉書分野。屬婺女分。謂黎牛婺女星降現。故名曰黎婺。音訛爲黎母。諸蠻環處。其山峻極。常在霧靄中。黎人自鮮識之。秋朗氣清時。見翠尖浮插半空。山有水泉。湧流派而爲五。一入昌化。一入吉陽。一入萬安。一入瓊州。一流爲大溪。有灘三十六。

至長寮村。屬澄邁縣。一流爲小溪。有灘二十四。至硃運村。屬樂會縣。二水合流爲三合水。屬瓊山縣。去省地遠者爲生黎。近者爲熟黎。各以所邇隸於四軍州。黎之峒落日以繁滋。不知其幾千百也。咸無統屬。峒自爲雄長。止於王符張李數姓。同姓爲婚。省民之負罪者多逋逃歸之。其人椎髻跣足。插銀銅錫釵。婦人加銅環。耳墜垂肩。女及笄。即黥頰爲細花紋。謂之繡面。女旣黥。集親客相賀慶。惟婢獲則不繡面。女工紡織。得中土綺綵。拆取色絲。加木棉挑織爲單幕。又純織木棉吉貝爲布。祭神以牛犬鷄彘。多至百牲。無鹽鐵魚蝦。以沉香縵布木棉麻皮等就省地博易。得錢無所用也。屋宇以竹爲棚。下居牧畜。人處其上。男子常帶長靶刀長鞘刀弓。跬步不離。喜讐殺。謂之捉拗。其親爲人所殺。後見仇家人及其峒中種類。即擒取而械之。械用荔枝木。長六尺許。其狀如碓。要牛酒銀缾乃釋。謂之贖命。議婚姻折箭爲質。聚會椎鼓舞歌。死必殺牛以祭。土產沉水蓬萊諸香。爲香譜第一。漫山悉檳榔椰子樹。小馬翠羽。黄蠟之屬。閩商值風飄蕩。貲貨陷沒。多入黎地耕種之。歸官吏及省民經由村峒。必舍其家。恃以爲安。熟黎之外。海南四州軍鎮。其四隅地方千里。路如連環。欲歷其地。非一月不可遍。馬伏波之平海南也。命陶者作缶器。大者盛水數石。小者盛五斗至二三斗者。招到深峒歸降人。即以遺之。任意選擇。以測其巢穴之險夷。黎人止取二三斗之小者詰之云。來時皆懸崖緣木而下。不取大者。恐將歸不得。以是知其峒穴深而險峻不可入。四郡之人多黎姓。蓋其裔族。而今黎人乃多姓王。淳熙元年五指山生黎洞首王仲期率其傍八十洞丁口千八百二十歸化。仲期與諸洞首王仲文等八十一人詣瓊管公參。就顯應廟研石歃血約誓改過。不復抄掠。犒賜遣歸。瓊守圖其形狀衣裘上經略司。髻露者以絳帛約髻根。或以彩帛包髻。或戴小花笠。皆簪二銀篦。亦有著短織花裙者。惟王仲期青巾紅錦袍束帶。自云祖父宣和中嘗納土補官。賜錦袍云。

物貨(注二)海南土產。諸蕃皆有之。顧有優劣耳。箋沉等香味清且長。夐出諸蕃之右。雖占城真臘亦居其次。黃蠟則迥不及三佛齊。較之三嶼抑又劣焉。其餘物貨多與諸蕃同。惟檳榔吉貝獨盛。泉商興販。大率仰此。

(注一)海南自漢以來隸版圖。不應在諸蕃之列。殆以海南土產與諸蕃同。並襲嶺外代答例而連帶及之歟。惟代答僅誌黎蠻。而此並誌郡縣。爲不合耳。譯注移此條次上卷後。尤謬。

(注二)物貨諸刻本皆別爲標目自爲一條。殆出傳鈔之訛。今繫於海南條後。

中華民國二十九年二月初版

H五二〇 平

（90448）

㊥史地小叢書 諸蕃志校注一冊

每冊實價國幣柒角

外埠酌加運費匯費

撰者 馮承鈞

發行人 王雲五 長沙南正路

印刷所 商務印書館

發行所 商務印書館 各埠

（本書校對者王崑武）